KB055893

어금니 꽉 깨물고

"쥐뿔도 없이 시작할 땐, 그냥 꽉"

장민수, 장진수 지음

이았우

젊은 목수들의 꿈

얼마 전, 아내와 함께 스티브 잡스의 일대기를 다룬 영화 〈잡스〉를 관람했다. 나와 비슷한 연배로 동시대를 살면서 자신의 꿈을 한껏 펼치고 간 한 천재에게 왠지 모를 부러움을 느꼈다. 평소 잘 몰랐던 그의 인간적 면모에 무척 끌리기도 했다. 언젠가 인터넷에서 보았던 잡스의 스탠퍼드대 연설 장면이 생각났다. 극장을 나서면서 그가 남긴 "Stay hungry, stay foolish(항상 갈구하라, 항상 우직하라)"라는 말을 나도 모르게 반복적으로 웅얼거렸다. 그러다 문득 지난해 만났던 두 청년의 모습이 떠올랐다.

작년 초 봄을 맞아 백화점 매장 개편 준비가 한창이던 어느 날이었다. 매장을 어떻게 구성할까 고민하며 여기저기 돌아다니고 있는데 가구 매장 한 쪽에서 20대 중반으로 보이는 두 젊은이가 담당 바이어와 이야기를 나누고 있었다. 그들의 유난히 앳된 모습과 티셔츠에 청바지를 입은 대학생 같은 옷차림에 호기심이 발동했다. 살짝 가까이 다가가 들어보니 "백화점에 입점하고 싶다"는 것이었다. 바이어와 아는 사이도 아니고, 누구의 소개도 받은 것 같지 않았다. 그냥 불쑥 찾아와 떼를 쓰고 있었다. 두 사람 중 나이가 많은 이는 30세로 목수이자 조그만 가구 회사 사장이었고, 다른 이는 두 살 아래 동생으로 역시 목수였다.

두 젊은이는 손에 '가구매장 입점 계획서'를 들고 있었다. 담당자는 황당하다는 표정이었다. 달랑 입점 계획서 한 장과 가구 사진 몇 장만 내밀면서 백화점 입점을 요청한다는 것 자체가 이들이 얼마나 경험이 없는지를 보여주었다. 백화점은 수많은 브랜드가 고객을 잡기 위해 하루하루 치열한 '생존 경쟁'을 벌이는 곳이다. 경기도 파주 헤이리에 있다는 그들의 작은 공방 사진 한 장만 보고서 바이어가 매장 공간을 내주기란 쉽지 않은 일이다.

나는 그들의 당돌함이 싫지 않았다. 꾸밈없는 모습과 무모해 보일 정도의 당당함, 무엇보다 서류를 들고 온 거친 '손'에 믿음이 갔다. 긁히고 찍힌 흉터가 남아 있었고, 외모와 달리 손바닥 전체에 굳은살이 박인 단단한 손이었다. 두 젊은이의 '꿈'에 베팅해보기로 했다. 가구 담당 바이어를 설득해 실적이 좋지 않으면 언제든 나가야 한다는 일종의 조건부로 귀퉁이의 작은 매장을 하나 배정하기로 했다.

백화점 입점 후 그들이 보여준 성과는 놀라웠다. 공장에서 똑같이 찍어내는 균일한 품질, 똑같은 모습의 상품과 달리 그들의 가구에는 억지로 다듬지 않은 '날것'의 매력이 있었다. 목재의 결을 그대로 살리면서 자연스러운 질감과 나무의 향을 제품에 고스란히 녹여내 사람들의 마음을 사로잡았다. 무엇보다 그들은 매번 다른 가구를 만들어 냈다. 불과 반년도 안 되어 같은 층 가구 브랜드 중에서 매출 1·2위를 다투는 '스타 매장'으로 떠올랐다.

그러다 얼마 지나지 않아 이들은 진짜 '사고'를 쳤다. 돌연 백화점에서 철수하겠다고 선언한 것이다. 이유인즉슨, "팔리는 상품이 너무 많아 제대로 된 가구를 만들 수 없다"는 것이었다. 장사가 잘되어서 나가겠다는 사람은 30년 가까이 유통업에 종사하는 동안 처음 봤다. 이해할 수 없었지만, 말릴 수도 없었다. 두 청년은 그렇게 "제대로 된 가구를 만들 수 있을 때 다시 돌아오겠다"며 매장을 철수해버렸다.

그리고 반년 뒤 두 젊은 목수는 거짓말처럼 다시 나타났다. 한데 이들은 더 이상 작은 공방의 점주가 아니었다. 체계가 제대로 잡힌 어엿한 가구 회사의 사장과 임원이 되어 있었다. 그 짧은 기간 동안 서울 홍대 앞과 강남에 매장을 냈고 부산에 공장까지 세웠다고 했다. 직원도 13명이나 됐다. 그들은 백화점에 이야기한 다시 돌아오겠다는 약속을 지켰고, 제대로 된 가구를 만들겠다는 스스로와의 약속도 지켜냈다.

영화 〈잡스〉를 보고서 두 사람이 떠오른 것은 두 젊은 목수의 꿈도 잡스 못지않게 크고 아름답다고 생각됐기 때문이다. 이들이 야말로 잡스가 "Stay hungry, stay foolish"라고 말한 그대로 무모하리만큼 우직하게 꿈을 실현해 가고 있었다.

우리 세대에게 성공이란 좋은 학교를 나와 좋은 회사를 다니고 그곳에서 성공하는 것이었다. 회사의 비전과 자신의 꿈을 동일시하고 이를 위해 오직 앞만 보고 달리는 길밖에 없었다. 그러나 이 젊은 목수들은 이런 천편일률적인 길을 거부하고 자신들의 길을 선택했다. 한 사람은 대학에서 산업디자인을 전공했지만, 한 사람은 아예 대학에 가지 않았다. 잡스도 대학을 중퇴했다.

나는 우리 세대가 젊은이들이 꿈을 키워나가는 길을 가로막고 있지는 않은지 반성해본다. 우리는 혹시 기성세대의 성공 방정식을 그들에게 강요하고 있지는 않은가. 스티브 잡스 같은 스타가 탄생하기를 바라면서, 과연 그런 스타가 탄생할 수 있는 토양이나 기회는 제공하고 있는가. 작년 봄 백화점의 가구 담당 바이어가 끝까지 그들의 입점을 거부했다면 어떤 일이 벌어졌을까. 잡스가 한국에서 태어났다면 용산 전자상가에서 일하고 있을 것이라는 우스개도 있지 않은가.

오늘도 젊은 목수들은 대패와 망치로 깎고 다듬은 목재의 거친 표면 위에서 자신들의 꿈을 개척하고 있다. 이런 젊은이들이 점점 많아지는 모습을 보고 싶다.

양창훈

현대아이파크몰 대표이사

차례

그렇게 아이니드가 되었다

"뭐가 좋을까? 형, 뭐 아이디어 같은 거 없어?"

"으음……."

패기 있게 '가구회사를 만들자!'라고 외친 우리는 생각지도 못한 난관에 부딪쳐 있었다. 가구회사를 만드는 거? 좋다. 그런데 이름이랑 로고가 있어야지. 우리는 뭔가 참신하면서도 기발한 이름을 찾기 위해 잘 굴러가지도 않는 머리를 열심히 굴리고 있었다. 자고로 이름 따라 산다고 하지 않는가. 우리는 우리의 꿈을 멋지게 대변해줄 그런 이름과 로고를 갖고 싶었다.

"형은 창작하는 사람이잖아. 옛날에 뭐 생각해봤던 것도 없어?"

옛날이라……옛날.

"아아!"

"뭔데? 뭐야? 있어?"

"야, 잠깐만 기다려봐."

나는 얼른 방으로 들어가 고등학교 때부터 차곡차곡 모아두었던 스케치북들을 모조리 꺼내 하나씩 훑어보기 시작했다. 분명히, 어딘가에 보관해두고 있었다.

"찾았다!"

"뭔데? 한번 봐봐."

나는 진수에게 낡은 스케치북에 있는 로고를 보여주었다. 실업고등학교 시절 실물디자인 수업 때 만든 가상의 브랜드 로고였다. 선생님이 예쁘다고 칭찬해 주시기도 했고 나도 마음에 들어, 언젠가 나만의 회사를 만들게 되면 써먹어야겠다고 묵혀둔 거였다.

"이게 사람이고, 이 맞은편에 있는 게 의자 맞지?"

"응."

"그런데 이 사람은 왜 맞은편에 의자가 있는데 앉지 않고 그냥 바닥에 앉아 있는 거야?"

"그 사람이 필요로 하는 의자가 그게 아니라서 바닥에 앉아 있는 거야."

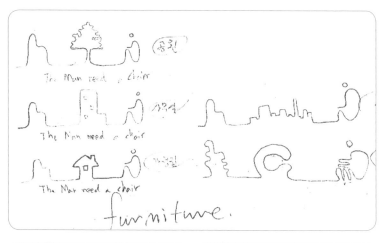

▲ 사진 1 |
아이니드 로고 변천사. 맨 위의 그림이 고등학교 때 그린 로고 초안이다. 아이디어를 놓치지 않을 수 있었던 것은 이런 자잘한 낙서 덕분이었다. 마지막은 대학교 졸업 작품. 제목은 Need.

"그러니까 그 사람이 필요로 할 만한 의자를 만들어 주겠다는
의미인 거지."

"이 사람이 필요로 하는 의자, 내가 필요로 하는 의자."

"내게 필요한 의자."

진수와 나는 서로의 말에 꼬리를 물며 로고의 의미를 깊이 파고
들었다. 뭔가 실마리가 보이는 것 같았다.

"형, 형! 그러면 '아이(I) 니드(need)'어때? 내게 필요한 가구!
아이니드!"

"그래, 그거다! 바로 그거야!"

의자가 있어도 바닥에 앉아 있는 사람을 형상화한 그림. 그 사
람이 진정으로 원하는 가구를 만들어 주겠다는 의미는 그렇게 '아
이니드'가 되었다.

어느 날 문득 책을 내자는 제안을 받았을 때 우린 망설이고 또
망설였다. 아이니드와 우리 형제의 이야기가 아직 누군가에게 당
당하게 말할 수 있는 성공담이 아니었기 때문이다. 게다가 우리
는 누구를 가르칠 입장도 아니었고, 설사 알려준다 해도 알려줄
수 있는 것도 많지 않을 것 같았다.

그럼에도 불구하고 우리의 이야기를 사람들과 나누기로 용기를
내어 결정한 것은 우리와 같은 사람들이 있어서였다. 많은 사람

들이 개천에서 용 나는 시대는 지나갔다고 말한다. 가진 것 없이는 불가능한 시대에 살며 시작조차 하지 못하고 좌절한 많은 사람들. 그들에게 세상의 편견과 맞서 싸우고 있는 가구회사가 있다는 것을 보여주고 싶었다.

가진 게 아무것도 없는 우리 형제가 거친 세상과 맞서 싸운 일상의 흔적들. 이러한 노력들을 보며 우리와 같은 사람이 단 한 명이라도 용기 내어 도전할 수 있다면 우리의 역할은, 그리고 이 책의 역할은 그것으로도 충분할 거라 믿는다.

1장. 누구나 시작은 서툴다

맨 땅에 헤딩

고졸 학력이 전부였던 내가 할 수 있는 일은 매우 한정적이었다. 고등학교를 졸업하고 나서 막연하게 재수를 생각해보기도 했지만, 그건 아무래도 내 길이 아닌 것 같아 그만두었다. 하지만 보란 듯이 성공하고 싶었다. 고졸이라도 성공할 수 있다고, 세상에게 당당하게 보여주고 싶었다. 그러나 나는 무엇을 도전하고 시작하는 것조차 쉽지 않을 만큼 가진 게 없었다.

스스로 어떻게 해서든 답을 찾아야겠다는 생각이 들었다. 그런 찰나에 어머니께서 하신 말씀이 떠올랐다.

'돈을 벌고 싶으면 돈을 벌 줄 아는 사람에게 돈을 가져다 줘서라도 배워야 한다.'

양복점을 하시며 두 아들을 홀로 키우신 어머니께서 늘 하신 말씀이었다. 나는 머리를 굴렸다. 성공한 사람을 가장 가까운 거리에서 관찰하며 돈도 벌 수 있는 직업이면 괜찮을 것 같았다. 그래서 나는 유명 어학원 원장님의 운전기사로 일을 시작했다. 짧은 가방끈도 문제될 게 없었고, 기사를 둘 만큼 성공한 사람을 아주 가까이에서 볼 수 있는 절호의 기회였다.

운전기사 일은 운전 외에도 세차하기, 사모님 모셔오기, 타이어 교체하기 등 잡다한 일도 포함하고 있었다. 또래 아이들이 스펙을 쌓기 위해 어학원을 들락날락 하는 동안 나는 걸레로 차를 닦았다. 주변의 시선은 두렵지 않았다. 가진 게 없으니 바닥부터 시작하는 건 당연한 일이었기 때문에 부끄럽지 않았다. 나는 비교적 어린 나이에 주제 파악을 하고 있었다.

그러나 각오를 했다고 해서 운전기사 생활이 늘 버틸 만한 것은 아니었다. 막장 드라마에 나올 법한 수모를 겪는 날도 있었다. 어느 날은 세차를 끝내고 땀범벅인 얼굴을 씻고 나오는데, 갑자기 원장님의 날벼락이 떨어졌다.

"아니, 뭐 보여줄 게 있다고 원생들 왔다 갔다 하는 데서 지저분하게 걸레질이야?"

뒤통수를 세게 후려 맞은 느낌이었다. 좋은 말로 해도 알아들을 텐데 왜 저렇게 말씀하시는 건지……. 화가 불쑥 치밀었지만 마음을 다잡았다.

"원장님, 죄송합니다. 제가 괜히 원생들 불편하게 만들었습니다. 제 생각이 짧았네요. 다음부터는 조심하겠습니다."

이렇게 사과하고 돌아서니 기분이 나쁘지 않았다. 이런 생존본능(?) 때문이었을까? 나중에는 원장님과 음료수 한 캔을 나눠 마실 정도의 사이가 되었다.

나는 이렇게 세상을 배웠다. 남들은 책에서 배울 만한 세상을 나는 몸으로 배웠고, 언제든 달라질 수 있다는 생각을 가지고 열심히 했다. 시작은 어려웠지만 굴하지 않고 자꾸 덤비니 시간이 지날수록 자신감이 쌓였다. 아아, 별거 아니구나.

나는 가진 게 없다는 사실에 집착하지 않으려고 노력했고, 현실을 외면하지 않기 위해 애썼다. 그러자 배워야 할 세상의 많은 것들이 보이기 시작했다.

그러던 와중, 청년창업 정책 자금이 대거 풀린다는 소문을 듣게 되었다. 기회라고 생각했다. 창업 관련 지식이라고는 거의 전무한 수준이었지만, 나는 소식을 듣자마자 창업 준비에 들어갔다. 어학원 점심시간마다 짬을 내어 근처에 있는 변리사 사무소에 찾아갔다. 사업을 하려면 비즈니스 모델이 있어야 한다고 해서 그에 대한 출원 및 특허권을 따기 위해 열심히 공부했다.

은행을 대신해서 자금이 풀리는 곳은 기술보증기금과 신용보증기금 두 곳이었다. 지원을 받기 위해 기술보증기금을 찾아갔으나 '네 비즈니스 모델은 기술이 아니니 신용보증기금에 가라'라는 말만 돌아왔다. 내가 생각한 사업 모델은 지금의 '소셜 펀딩social funding' 개념이었다. 당시에는 그런 개념이 없었지만 뭔가를 직접 만들 수도 없고, 모아둔 돈도 없는 내가 어떻게 해서든 사업을 해보겠다고 머리를 굴리고 굴려서 얻은 아이디어였다.

사람들의 투자를 받을 종목은 '티셔츠'였다. 거기에 디자인만 살짝 넣으면 쉽게 나만의 제품을 만들 수 있을 것 같았다. 게다가 나는 중학교 때부터 옷 브랜드에 관심이 많았고, 주변에서도 감각이 있다며 인정을 해준 터라 성공할 자신도 있었다. 나는 이 아이디어를 들고 신용보증기금에 갔다. 다행히 통과가 되어 창업 교육을 듣고 지원금 2천만 원을 받았다.

사업을 시작하려니 사무실이 필요했다. 이곳저곳을 알아봤지만 임대료는 터무니없이 비쌌다. 수소문 끝에 창업보육센터가 있다는 사실을 알아냈으나 입주 경쟁이 아주 치열했다. 그러나 비빌 언덕은 그곳뿐이었다. 당시 창업보육센터는 아주대학교와 경기대학교, 서울산업대학교와 연세대학교 네 곳에 있었는데, 마침 서울산업대학교에 자리가 나 얼른 신청을 했다. 수원 집과는 거리가 꽤 있었지만 찬밥 더운밥 가릴 처지가 아니었다.

그런데 막상 사무실을 차리니 나도 모르게 게을러졌다. 수원 집에서 창업보육센터가 있는 서울까지, 지하철로 가는 데만 거의 두 시간이었다. 여느 직장인들처럼 퀭한 얼굴이 되어 사무실에 도착하면 잠깐 쉬어야겠다는 생각밖에 들지 않았다. 쉬어도 뭐라고 할 사람도 없으니 조금 쉬자. 그런 마음으로 잠깐 눈을 붙이기 시작했다. 십 분으로 시작한 낮잠시간은 한 시간이 되고 두 시간이 되었다. 그러던 어느 날, 자다 깨서 시간을 확인하니 오후 네 시가 되어있었다.

'나는 지금 여기서 뭘 하고 있는 거지. 왜 사무실까지 와서 자고 있는 거야.'

열정 가득했던 초심은 어느새 사라지고, 남아있는 것은 무기력한 몸뚱이 뿐이었다.

안 되겠다 싶어 나는 제일 먼저 친구 용수에게 전화를 걸었다. 친구들 사이에서 행동대장으로 통하는 용수는 깡이 제법 센 친구였다. 하고 있는 일에 회의감을 느껴서 고민 중이라는 이야기를 들었던 터라 동압을 제안해볼 참이었다.

용수는 '젊을 때 일 한번 벌여보자'며 기꺼이 사업에 동참해 주었다. 용수는 전 재산이라며 300만 원을 들고 왔다. 잇따라 소식을 접한 죽마고우 준혁이와 바울이도 사업에 동참했다. 이들이 함께 해준다는 것만으로도 마음이 든든했다. 우리는 뭐든 해보자고 의지를 불태우며 짐을 싸서 곧장 서울로 올라왔다. 뭔가 이루기 전까지는 집에 돌아가지 않겠다는 각오로 똘똘 뭉쳤다. 잃어버렸던 열정의 불씨가 되살아나는 느낌이 들었다.

남들이 안 하는 짓만 골라서 하다

우리는 사무실을 낮에는 일터로, 밤에는 숙소로 삼았다. 자는 시간을 제외한 나머지 시간을 오로지 일에 투자했다. 하지만 사업 아이디어를 구체화시킬 실질적인 방법은 좀처럼 떠오르지 않았다. 우리는 매일같이 머리를 싸매고 회의를 했다. 그러자 도통 잡히지 않았던 일의 윤곽이 잡히기 시작했고 우리는 마침내 하나의 아이디어를 얻어낼 수 있었다.

'디자인 공모전을 해보자!'

계획은 대략 이러했다.

❶ 티셔츠 디자인 공모전을 열어 아마추어 디자이너들의 디자인을 받는다.
❷ 일정 투표 기간을 두어 일반 사람들에게 투표할 기회를 주고 동시에 원하는 만큼의 돈을 마음에 드는 디자인 티셔츠에 투자할 수 있게 한다.
❸ 투표 기간이 끝나면 투표수를 종합해 등수를 매긴다.
❹ 등수를 매긴 티셔츠를 전문가로 구성된 심사위원들이 평가한다.
❺ 득표수와 심사위원 평가를 종합해 최종 디자인을 선정하고, 제작을 시작한다.
❻ 투자한 사람들에게 완성된 티셔츠를 나눠주고, 추후에 발생하는 이익은 투자금에 맞춰 분배한다.

그럴싸한 계획이었으나, 보고 흐뭇해할 시간도 없었다. 공모전 사이트부터 만들어야 했다. 우리는 자문을 구하기 위해 당시 잘 나가던 '힙합퍼'의 대표를 만나러 갔다. 한수 배우겠다고 하니 자기도 고려대 창업보육센터에서 사업을 시작했다며 우리를 반가워하는 눈치였다. 덕분에 우리는 그에게서 몇 가지 세세한 노하우들을 전수받고 돌아올 수 있었다.

심사위원을 찾을 때도 우리는 무작정 유명 디자이너들을 찾아갔다. 그들의 권위가 필요했다. 우리가 심사한다고 하면 아무도 공모전에 작품을 내지 않을 것 같아서였다. 이상봉, 김영세, 최범석 등 우리나라에서 내로라하는 디자이너에게 무작정 연락을 돌렸다. 감사하게도 몇 분에게 기꺼이 심사를 해주겠다는 답변을 받았다. 한줄기 빛이 보였다. 뭔가 되겠다 싶었다.

하지만 거기까지였다. 이렇다 할 실적도 없이 창업자금 만기일이 코앞으로 다가온 것이었다. 1년은 생각보다 짧았다. 이제 막 창업했는데 제대로 해보지도 못하고 빚더미에 앉게 될지도 모른다는 생각에 공포가 밀려왔다. 갚을 능력도, 빌릴 만한 구석도 없었다. 사업하다가 빚 때문에 자살하는 이야기는 TV에서나 보던 일이었는데, 까딱하면 그게 내 꼴이 될 판이었다. 정말이지 딱 죽고 싶은 심정이었다. 2천만 원! 지금 보면 아무것도 아닌 액수지만 그때는 세상에서 제일 큰돈이었다.

나는 할 수 없이 신용보증기금으로 달려가 30분이 넘도록 담당자를 물고 늘어졌다.

"젊은 사람이 사업을 하면 얼마나 잘 하겠습니까. 1년은 너무 빡빡합니다. 성과를 내려면 최소한 2년은 필요한데, 저 좀 도와주세요. 1년만, 딱 1년만 더 기다려주세요. 부탁드립니다. 네?"

나는 만기일을 미뤄줄 수 없다는 담당자 앞에서 만기일을 미뤄달라고 버텼고, 결국 만기일을 1년 뒤로 미룰 수 있었다.

급한 불은 껐지만 통장 잔고는 완전 바닥이었다. 위기였다. 만기일을 미루긴 했으나 당장 쓸 돈이 없었다. 그때, 행동대장 용수가 나섰다.

"야, 앉아서 컴퓨터나 하고 있으니 뭐가 되겠냐. 티셔츠 만들어

둔 거 있잖아. 일단 그거 들고 나가서 팔아보자고."

나는 왜 사무실에 편하게 앉아 팔리기만을 기다리고 있었던 것일까. 사러 오는 사람이 없다면 우리가 살 만한 사람들을 찾아 나가면 되는 거였다. 그것을 깨달은 우리는 바로 다음 날 행동을 개시했다.

거리로! 거리로!

그냥 부딪쳐보자는 생각으로 무작정 거리에 나왔으나 팔 만한 장소가 문제였다. 신촌, 홍대, 강남, 이태원……다양한 장소가 후보로 올라왔으나 끌리는 곳이 없었다. 그러던 도중, 삼청동 돌담길이 떠올랐다. 평일에는 관광객들로 북적이고 주말에는 커플들로 북적이는 곳. 상가로 밀집된 곳이 아니었고 노점상도 적당히 있어 장사를 하기에는 최적의 장소였다. 우리는 티셔츠를 들고 곧장 그곳으로 향했다.

그러나 세상은 그렇게 녹록치 않았다. 어렴풋이 예상은 했으나 기존 노점상인들의 텃세가 심했다. 우리는 굴하지 않았다. 그들을 맞서기 위한 우리의 작전은 '단 하루만!'이었다. 하루만 할 테니 자리 좀 같이 쓰게 해 달라, 우리는 사람 좋은 웃음으로 그들을 달랬다. 마음이 통한건지 아니면 우리가 넉살이 좋았던 건지, 하루가 끝날 무렵이 되자 우리는 주변 상인들과 꽤 친한 사이가

되었다. 덕분에 우리는 그 다음날도 은근슬쩍 같은 장소에 자리를 잡을 수 있게 되었고, 그들과 친분을 쌓아 기간을 찔끔찔끔 늘렸다. 작전은 제대로 먹혀들었다. 우리는 결국 돌담길에 눌러앉았다.

하루에 적게는 30만 원, 많게는 40만 원 정도를 벌었다. 상인들의 텃세를 이겨내고 번 돈이라 그렇게 뿌듯할 수가 없었다. 그렇게 1년 6개월을 보내니 적자를 면했다. 우리는 사업을 시작한 이래 처음으로 거하게 회식을 했다. 메뉴는 치킨 네 마리였다. 컵라면으로 끼니를 대충 때울 때가 많았던 우리였으니, 치킨 네 마리는 참으로 거한 회식이었다.

그러나 노점을 계속하기는 어려웠다. 불법 노점 단속이라도 뜨면 우리는 구청 직원들의 눈을 피해 도망 다니기 바빴다. 갑자기 비라도 내리는 날이면 아무런 대책도 없이 하루를 보냈다. 이것도 하루 이틀이지, 매일을 하루살이처럼 살 수 없었다. 안정적으로 장사를 하기 위해서는 매장이 필요했다. 나는 그동안 모은 돈을 들고 매장을 구하러 나섰다.

매장입성

제일 먼저 떠오른 곳은 프로방스 마을이었다. 프로방스 마을은 옷, 액세서리, 아로마 향초 등을 파는 상점들이 모여 있는 곳이었다. 언제나 그랬듯, 나는 그곳에 전화부터 걸어 담당자와 미팅 약속을 잡았다.

"여기서 장사를 하고 싶습니다."

나는 담당자를 만나 다짜고짜 장사하고 싶다는 이야기부터 꺼냈다. 그런 나의 무모함이 마음에 들었던 걸까.

"그래! 여기서 장사 한 번 해봐."

담당자는 선뜻 매장 자리를 보여주었다.

이 일로 용기를 얻은 나는 쌈지길 매장을 얻는 데에도 박차를 가했다. 사실 매장은 창업할 때부터 염두 해 둔 일이었고, 그중에서도 쌈지길 입점은 내 목표였다. 입점 허락을 받기 위해 담당자를 여러 번 찾아갔으나 프로방스와는 달리 입점이 쉽지 않았다. 담당자에게 우리가 만든 티셔츠도 보여주었지만 그는 요지부동이 었다.

"제품 하나 갖고 무슨 장사를 하려고요? 그거 팔아가지고는 매장 수수료도 안 남아요."

그 말을 듣는데 문득 이런 생각이 들었다.

'상품 구색만 갖추면 매장을 운영할 수 있다는 건가?'

나는 미팅이 끝나자마자 곧바로 노점이 밀집한 홍대 놀이터, 인사동, 명동 등을 돌아다니며 소상인들의 제품을 모았다. 상품을 위탁하면 쌈지길에서 팔아주겠다고 했더니 기대했던 것보다 훨씬 좋은 제품들이 모였다.

상품성 있는 제품을 확보하고 나니, 이번에는 매장 인테리어가 문제였다. 하지만 형에게 인테리어 집기를 만들어달라고 하면 그럴듯한 모양새는 나올 것 같았다. 남아있는 문제는 이제 단 하나였다. 가능성. 우리가 잘 할 수 있다는 가능성을 보여주어야 했다.

때마침 창업보육센터를 통해 코엑스 창업대전이 열린다는 소식을 접하게 되었다. 거기에 출전해서 우리의 가능성을 제대로 보여주면 되겠다는 생각이 들었다. 기회가 왔으니 잡기만 하면 됐다. 나는 망설임 없이 준비에 들어갔다. 부스에는 '당신의 디자인

이 현실이 되는 곳'이라는 슬로건을 걸어두고 그동안 만든 티셔츠
들을 전시했다.

창업대전 당일, 나는 우리 부스에 쌈지길 담당자를 초대했다.
담당자는 우리 부스를 보더니 그제야 오케이 사인을 보냈다. 프
로방스 매장을 연지 정확히 보름 뒤, 우리는 쌈지길에 매장을 열
었다.

우리는 '루페'라는 이름으로 매장을 열었다. 3평 남짓한 공간이
었으나 우리는 거기서 하루에 160만 원 어치를 팔았다. 짜릿했던
그때의 기분을 아직도 잊을 수가 없다. 하지만 나는 거기에 만족
하지 않았다. 더 큰 성공을 꿈꾸며 매장을 계속해서 늘렸다. 헤이
리, 명동, 쌈지길 2호점……

▲ 사진 2 |
파주 프로방스 매장 오픈을 앞두고. 간판 만들다 말고 뭐하는 짓인지 모르겠다. 떠돌이
신세 청산에 힘든 줄도 모르고 들떠 있었던 우리들.

새로운 시작

그렇게 쉴 틈 없이 앞만 보고 달렸다. 그러던 어느 날, 용수가 내게 물었다.

"우리 언제까지 달려야 되냐? 이제 그만 해도 되잖아."

지난 3년간 숨 돌릴 틈 없이 달리는 사이, 친구들의 불만은 차곡차곡 쌓여있었다. 잘 따라오고 있는 것 같았는데……. 사업 초반에 우리는 성공을 목적으로 똘똘 뭉쳐 있었다. 모두 배가 고파 있었다. 무에서 유를 만들어보자며 한마음 한뜻으로 달렸는데 언제부터인가 생각이 엇갈리기 시작했다. 무엇보다 우리가 보고 달렸던 '성공의 기준'이 달라져 있었다. 친구들에게 성공은 곧 '안정적인 삶'이었다. 친구들은 잘 되는 매장 하나만 있으면 먹고사는 데 문제가 없는데, 자꾸만 매장을 늘리고 일을 벌이는 나를 이해하지 못했다.

"진수야, 우리 쌈지길 매장 수익만 나눠도 이미 충분하잖아. 그만 좀 하자. 우리 그만 하고 이제 좀 쉬자."

"돈 많이 번 것 같은데 그 돈 다 어디로 갔어?"

"다른 매장 내는데 다 쏟아 부었잖아."

"아 제발, 우리도 열심히 번 돈 가지고 좀 누려보자."

친구들의 마음도 이해 못하는 건 아니었다. 아무것도 없었던 우리가 여기에 다다른 것도 큰 성공이었다. 하지만 나는 그 순간에 만족할 수 없었다. 그 상태를 유지하기 위해서라도 더 뛰어야 했다. 내 경험이, 그래야 함을 말해주고 있었다. 화는 못 내고 속내를 감추다보니 친구들과 차츰 멀어졌다.

사업이 4년차에 접어들 무렵, 우리는 서로 너무나 다른 곳을 쳐다보고 있었다. 끝도 없는 회의가 밀려왔다. 처음에 시작할 때에는 일만 주어진다면 어떤 상황에서도 감사하는 마음으로 할 거라고 다짐했었는데, 이제는 모든 것을 내려놓고 처음으로 돌아가고 싶은 심정이었다. 누군가의 눈에는 매장을 몇 개씩 거느린 돈 잘 버는 청년 사장이었겠지만 나는 현실에 만족할 수 없었다.

결국 나는 동고동락했던 친구들과의 사업을 끝냈다. 나는 헤이리 매장을, 친구들은 나머지 매장을 나눠 가졌다. 뿔뿔이 흩어지고 나니 헤이리 매장에는 바리스타 한 명과 나, 단 둘이 쓸쓸하게 남게 되었다. 친구들과 함께일 때는 의견차로 괴로웠는데, 막상 혼자 남게 되니 빈자리가 크게 느껴졌다. 어느 하나 쉬운 선택이 없었고, 나는 그들의 빈자리를 채우기 위해 주말까지 반납하며 더 빡빡하게 일을 해야 했다.

"하, 결국 이렇게 되는 건가…….'"

나도 모르게 푸념을 했더니 옆에 있던 바리스타 직원이 한마디 했다.

"너무 걱정하지 마세요. 사업이 처음부터 잘 풀릴 순 없죠."

한동안 슬럼프가 찾아왔다. 사람이 싫었고, 모든 게 귀찮았다. 내가 지금껏 해온 일들이 무의미하게 느껴졌다.

그러던 어느 날 형에게 연락이 왔다. 별일 없겠거니 했는데 이게 웬일, 다니던 회사를 그만두고 가구공방을 차리겠단다. 나와는 달리 형은 창작을 할 수 있는 재능과 개성을 갖고 있었다. 그래도 그렇지 갑자기 가구공방이라니, 얼떨떨했다. 그러나 그 순간, 사업으로 갈고 닦은 '촉'이 섰다.

'그래, 형이다!'

왜 형을 생각하지 못했을까. 형과 함께라면 다시 한 번 힘을 낼 수 있을 것 같았다. 뿐만 아니라 형이 갖고 있는 기술과 열정이라면, 무일푼으로 시작해 친구들과 이룬 성공과는 비할 수 없을 만큼 잘될 수 있겠다는 생각도 들었다. 나는 형에게 얼른 전화를 걸었다.

"형, 가구공방 한다고 했지? 그러지 말고 나랑 같이 가구회사 하자."

나는 그렇게 형과의 동업을 결심했다. 어쩌면 실패 경험만 하나 더 추가하게 될 지도 모르는 일이었다. 죽마고우들과의 동업도 실패했으니 가능성은 충분했다. 하지만 마음먹었으니 일단 질러보기로 했다.

어차피 내 인생에 완벽하게 준비된 시작은 단 한 번도 없었다. 늘 맨땅에 헤딩이었다. 까짓것, 실패하면 뭐 어때? 머리만 조금 아플 뿐이지.

작은 공방의 꿈

목수라는 직업을 갖게 된 것은 내 인생에서 가장 큰 행운이었다. 만약 내가 좋아하는 일을 아낌없이 지원해준 어머니가 없었다면, 실업고등학교 산업디자인과를 추천해주신 중학교 선생님이 없었다면, 나는 지금 어떤 길을 걷고 있을까. 꿈도 찾지 못하고 열심히 방황하고 있을 것 같다.

초등학교 시절, 나의 취미는 가전제품 망가뜨리기였다. 드라이버를 손에 들면 무엇이든 분해해버렸다. 라디오 몇 개 고장 내는 것은 일도 아니었고, 가끔은 친구네 부모님이 하는 전파상에서 전축 같은 비싼 물건을 못 쓰게 만들어버리기도 했다. 중학생이 될 무렵에는 취미가 다행히도(?) 분해에서 만들기로 바뀌었다.

　나의 부수고 만드는 모습을 곁에서 계속 지켜보신 어머니는 내가 만들기에 소질이 있다고 생각하셨는지 과학상자 같은 것들을 사주시면서 그쪽으로 적극 지원해 주셨다. 당시에도 과학상자는 꽤 고가였는데, 어머니가 없는 형편에 무리하지 않으셨다면 대회 참가도 할 수 없었을 것이다. 어머니 덕분에 나는 과학상자 대회에서 최우수상을 받았다.

　학교에서 나는 수업시간에 딴 짓만 하는 학생이었다. 성적도 어중간했다. 다들 내신 관리에 여념이 없을 때 나는 교과서 귀퉁이에 낙서를 하거나 노트 한 권을 더 펼쳐 놓고 그림 그리기에 바빴다. 수업시간 내내 그림만 그리다가 선생님 눈에 띄어 노트를 압수당하고 하루 종일 교무실 구석에서 벌을 받은 적도 있었다. 그래도 공부하는 것보다 그림 그리는 게 훨씬 좋았다.

　"민수야, 이거 전부 네가 그린 거니?"

　그러던 어느 날이었다. 바로 위에서 들리는 목소리에 고개를 들어보니 선생님이 그림으로 가득한 내 노트를 빤히 쳐다보고 계셨다. 그림 그리기에 홀딱 빠져 있느라 선생님이 곁에 오신 줄도 몰랐던 것이다. 나는 망했다는 생각에 우물거리며 네, 라고 대답했다.

"이렇게 잘 그리는 줄 몰랐네. 너, 디자인 공부해보지 그러니?"

꾸지람을 들을 줄 알았는데 선생님의 입에서 나온 말은 전혀 다른 말이었다. 얼떨떨했다. 선생님은 아주 진지하게 나에게 디자인 쪽으로 나갈 것을 권유해주셨다. 고등학교 진학을 앞두고 담임선생님과 개인 면담을 할 때에도, 담임선생님 역시 내게 디자인과를 추천해 주셨다. 항상 혼만 내는 분인 줄 알았는데 평소에 내 모습을 유심히 지켜보고 계셨던 것이다. 주변에서 이렇게 추천을 해주니 호기심이 발동했고 머릿속에는 디자인이라는 단어만 둥둥 떠다녔다.

'새로운 것을 만드는 사람이라⋯⋯.'

나는 난독증을 가지고 있어서 쉬운 글도 몇 번이고 반복해서 읽어야 뜻을 이해했다. 그런 내가 적성을 찾아 실업고등학교 산업디자인과에 진학할 수 있었던 것은, 실로 다행스런 일이었다. 어쩌면 난독증이 있었기 때문에 그림 그리기에 흠뻑 빠지게 되었는지도 모르겠다.

그렇게 들어간 수원 정보산업고등학교에는 기능생 제도가 있었다. 기능생이 되면 학비를 지원받을 수 있었다. 그래서인지 지원자가 상당히 많았고 나는 실기 시험에서 아깝게 떨어졌다. 단념하려던 찰나, 1학년 기능생 중 한 명이 그만두는 바람에 빈자리가 생겼고 나는 운좋게도 그 자리를 차지하게 되었다.

기능생에게는 기능대회에 참가할 수 있는 자격이 주어졌는데 1, 2학년보다는 3학년에게 상을 몰아주는 경우가 많았다. 대학 진학이나 취업을 앞에 두고 있으니 그럴 수밖에 없었다. 하지만 나는 3학년들에게만 상을 주는 게 영 못마땅했다. 실력을 겨루는 대회보다는 대학을 보내기 위한 스펙 증정 대회같이 보였다. 물론 아무에게나 상을 주지는 않았다. 기능생 선발 과정도 까다로웠고 상을 타는 사람도 소수였다.

나는 고등학교 3학년 여름방학이 되자마자 내가 금메달을 딸 만한 실력인지 아닌지 평가를 받아야겠다는 생각으로 기능대회가 아닌 '제6회 산업디자인 공모전'에 도전했다. 몰아주기식으로 주는 상을 받는 건 의미가 없었다. 나는 내게 이 길을 계속 갈 만한 자격이 있는지 객관적으로 판단해보고 싶었다. 대회 결과는 대상도, 은상도, 동상도 아닌 특선이었다. 하지만 내게는 특별했다. 산업디자인 공모전에 자동차 디자인을 출품한 사람이 학교 역사상 내가 처음이었고, 나중에 알게 된 사실이었지만 자동차 디자인 목업mockup을 출품한 고등학생도 대회 역사상 내가 처음이었다.

공모전 결과에 자신감을 얻은 그해 겨울, 나는 기능생을 그만두고 입시학원을 찾아갔다. 디자인 명문이라는 홍익대학교와 국민

대학교 입학을 목표로 입시 미술을 시작하기 위해서였다. 그러나 온종일 아그리파, 줄리앙, 비너스, 세 종류의 석고상을 두고 죽어라 데생만 하다 보니 쉽게 지쳐버렸다. 나는 결국 목표로 삼았던 모든 대학에서 떨어졌다. 하지만 입시 미술을 다시 하기는 싫었다. 계속 입시 미술만 준비하다가는 디자인이라는 꿈마저 포기해버릴 것 같았다. 그전까지 상도 여러 번 탔으니 잘 할 수 있을 거라 생각했는데……. 걸어온 길에 대한 회의감과 의심으로 자신감은 바닥을 쳤다.

보여주기 위해 살지 않았다

목표로 삼았던 모든 대학에서 떨어지고 난 후, 나는 뒤늦게 수도권에 있는 야간 전문대에 들어갔다. 그곳에서 최고가 되어보겠다고 나는 혼자 디자인 작업에 열을 올렸다. 대충 다니다가 대학 졸업장 하나 받고 끝내고 싶지 않았다.

뭐든지 열심히 했다. 주변에서는 그런 나를 밉상으로 취급했다. 지금 와서 생각해보면 그럴 만도 했다. 숙제로 스케치 10개가 나오면 나는 20개, 30개를 들고 갔으니. 야간반 형들은 그런 나를 보고 대놓고 비난하기도 했다.

"너는 임마, 뭘 그렇게 열심히 해. 적당히 해, 적당히. 한두 개만 해와도 되잖아. 왜 혼자 깝쳐?"

동기들은 뒤에서 수군거렸다.

"뭐야 저건. 졸업 작품 만들어?"

"작작 좀 하라 그래. 왜 자꾸 오버야."

"저 밉상, 교수 눈에 들고 싶어서 안달이라도 났나."

"다른 사람들까지 피곤하게 왜 그런대, 진짜."

하지만 나는 그런 시선에 흔들리고 싶지 않았다. 남들 시선 때문에 적당히 할 생각은 손톱만큼도 없었다. 재수에 실패해 수도권 야간 전문대에 들어왔으니 내 실력을 더 갈고 닦아야 한다고 생각했다. 지금 속한 자리에서 최고가 되자. 그것이 나의 목표였다.

그런 각오 덕분인지 나는 모든 과목에서 A+학점을 받았고 전액 장학금도 받았다. 교수님께서는 나의 학력이 야간 대학에서 끝나는 게 아쉬우셨는지 한 번은 내게 이렇게 말씀하셨다.

"민수야, 너 여기서 끝내지 말고 서울에 있는 4년제 디자인과에 가라. 내가 편입 추천서 써줄 테니까 편입해서 거기서 공부 계속해. 이대로 졸업하는 건 너무 아까워."

하지만 나는 사양했다. 책상에 앉아 디자인 공부를 더 한다고 내 디자인 실력이 좋아지는 게 아니기 때문이었다. 간판이 좋은 대학으로 진학하는 것은 나의 길이 아니었다. 그보다는 현장에서 배우고 싶었다. 현장에서 배워야 진짜 실력을 키울 수 있다고 생각했다. 그래서 나는 교수님으로부터 편입 추천서라는 좋은 기회를 얻었지만 정중히 거절하고 대신(?) 회사 추천서를 써달라고 부탁드렸다. 교수님은 흔쾌히 써주셨고 덕분에 나는 그 길로 사회에 첫 발을 내딛게 되었다.

첫 직장은 역삼동에 있는 한 인테리어 집기 가구회사였다. 나는 현장과 공장을 돌아다니며 밑바닥부터 가구 만드는 일을 배웠다. 어깨 너머로 목수들의 기술을 배우며 현장 용어와 가구 소재의 특성 등등을 익혔다. 목수 일을 배울수록 도면에 있는 것들을 직접 만들어 보고 싶은 욕구가 넘쳐났다. 그래서 일이 끝나면 뭐라도 이것저것 만들어 보면서 재미를 키워갔다.

첫 직장을 그만두고 얼마 있지 않아 나는 동생 진수가 오픈하려는 매장의 인테리어를 도와주었다. 그때 을지로에 있는 목공소를 자주 드나들었다. 거기에서 장인 정신을 가진 목수들을 많이 만났다. 그들은 자기 일에 만족하며 욕심 부리지 않았다. 지긋한 나이임에도 불구하고 재단기 하나로 뭐든 만들 수 있는 내공과 기술이 그렇게 멋져 보일 수가 없었다. 누구도 훔쳐갈 수 없는 자신만의 기술을 평생 가지고 갈 수 있다는 점이 부러웠다.

그들의 삶을 동경했던 나는 현장 경험을 더 쌓기 위해 광주에 있는 가구 공장에 들어갔다. 나는 컨테이너를 개조한 숙소에 살면서 목수 형님들의 보조가 되어 정신없이 일했다. 숫돌에 손이 갈려 피가 날 때까지 대팻날을 갈았고, 손톱 밑은 기름 때로 시커멓게 물들어 좀처럼 지워지질 않았다. 형님들이 언제 어디서 내 이름을 부를지 몰라 몸은 늘 긴장상태였다.

일이 모두 끝나면 나는 첫 직장에서 그랬던 것처럼 혼자 공장에 남아 이것저것 만드는 작업을 계속했다. 목수 형님들의 손과 발이 되어 그 누구보다도 열심히 일했지만, 어느 누구도 '민수, 너 이거 한번 만들어봐'라는 말을 하지 않았다. 당연한 일이었다. 이 곳은 사회지, 학교가 아니었으니까. 대학을 갓 졸업한 신참을 작업대에 함부로 세워서는 안 됐다. 그래서 나는 라면으로 간단하게 끼니를 때우고 공장으로 돌아가 도면 작업과 아이디어 스케치를 했다. 때로는 근무 시간에 형님들이 작업하는 과정을 동영상으로 찍어 그 작업을 그대로 따라 해보기도 했다. 그렇게 아이디어 스케치와 혼자서 해보는 작업이 쌓일 때마다 가구에 대한 욕심, 만드는 것에 대한 욕심은 점점 커져갔다. 시작부터 끝까지, 전 과정을 내 손으로 시작해 내 손으로 끝낸다는 것. 그 뿌듯함과 기쁨은 말로 다 표현할 수 없는 것이었다. 그것이 가구 제작이 가지고 있는 매력이었다. 물론 전 과정을 혼자 다 할 수 있다는 생각이 아집이었음은 나중에 알게 되었지만 그땐 그렇게 생각했다.

결국, 나는 가을이 끝나갈 무렵에 공장을 그만두고 수원 집으로

초라하면 뭐 어때?
'시작'이 중요한 거야.

돌아왔다. 공방을 차리기 위해서였다. 집으로 돌아와 그동안 모아둔 돈을 헤아려 보니 500만 원이 전부였다. 재단기 한두 개만 사면 금세 사라질 돈이었다. 정말로 시작하려고 하니 생전 느끼지 못했던 두려움이 몰려왔다.

'내가 정말로 할 수 있을까?'

그러나 줄곧 동경해 왔던 그들의 삶. 그 삶이 눈앞에 놓여있었다. 두려움보다 이루고 싶다는 마음의 힘이 더 컸다. 나는 결국 집 보일러실 한쪽 구석을 작업실로 만들었다. 많이 부족하겠지만, 한번 부딪쳐보고 싶었다. 설사 내 도전이 실패로 끝난다 하더라도 그 경험은 내 인생에 중요한 자산이 되어 줄 거라고 스스로를 다독였다. 그랬더니 마음이 한결 홀가분해지는 것 같았다.

'실패하면 어때? 젊었을 때 실패도 해보고 그러는 거지 뭐.'

보일러실에 페인트칠을 하면서, 나는 그렇게 마음을 다잡았다.

그렇게 수원 집 지하 보일러실에 공방 자리를 마련해 두고 청계천 일대로 나가 공구를 알아보고 있는데, 갑자기 진수에게 전화가 왔다. 친구들이랑 동업하는 줄로만 알았는데 어쩐 일인지 동업을 끝내고 혼자 회사를 운영하고 있었다.

"형, 가구공방 한다고 했지? 그러지 말고 나랑 같이 가구회사 하자."

묘한 타이밍이었다.

"뭐? 가구 회사?"

되묻고 나자마자 이런 생각부터 들었다.

'아무런 준비도 안 된 내가 가구회사라니, 이런 코딱지만 한 공방을 내기까지 얼마나 큰 용기가 필요했는데.'

진수는 내가 뜸을 들이고 있자 파주에 이미 공방 자리가 마련돼 있다는 솔깃한 정보를 주었다.

"형! 복잡하게 생각하지 마. 내가 도와줄게. 이왕 시작하는 거 나랑 한 번 제대로 해보자."

마음을 다잡았다고 해서 불안한 마음이 완전히 사라진 것은 아니었다. 그런 와중에 진수의 동업 제안이라니……. 진수라면, 든든한 힘이 되어줄 것 같았다. 게다가 고등학교 졸업하고 그 험난한 창업에 뛰어들어 산전수전을 다 겪었으니, 회사 운영은 완전히 맡겨도 되겠고……. 그리고 무엇보다도 진수는 나를 너무 잘 알았다. 하나하나 따져보니, 거절 할 이유가 없었다. 그래서 나는 진수와 함께 나 자신을 불안한 출발선에 다시 세웠다. 패기뿐이었으나 왠지 모를 기대에 마음이 벅차올랐다. 공방 자리가 있는 파주만 올라가면 뭐라도 될 것 같은 기대와 확신이 나를 감싸고 있었다.

진수는 통화 후 파주로 당장 올라가자며 수원 집으로 쳐들어왔다. 의기투합한 우리는 좀 더 있다 아침이라도 먹고 가라는 어머니 말씀도 뒤로한 채, 그날 새벽 곧장 파주로 향했다. 달리는 차 안에서 우리는 각자의 꿈을 이야기하며 새로운 시작을 향한 기대와 희망을 마음껏 드러냈다.

차를 타고 2시간 만에 도착한 파주는 한겨울이었다. 시계는 어느덧 새벽 3시를 가리키고 있었다. 피곤한 탓인지 눈이 자꾸 감겨왔다. 우리는 차가운 매트리스에 몸을 뉘였다. 말이 숙소였지 그냥 사무실이었다. 바닥의 찬 기운이 매트리스를 뚫고 올라왔지만 그래도 좋았다.

다음날 아침, 나는 진수와 함께 아침 일찍 매장에 나갔다. 공방 자리는 진수가 카페를 하던 매장이었다.

"형! 멋지게 한 번 만들어봐. 많이 만들어서 이 매장을 형이 만든 가구로 채워보자고."

헤이리 매장은 생각보다 규모가 컸다. 매장을 직접 보니 가구를 만들고 싶은 욕심이 점점 커졌다. 나는 곧바로 내가 갖고 있던 모든 돈을 털어 재단기를 마련했고, 카페 인테리어에 쓰였던 집기들을 재활용해 리폼 가구를 만들었다.

우리는 그렇게 막막한 세상에 첫 발을 내딛었다.

2장. 사랑받는 제품에는 이유가 있다

고집과 열정 사이에서

많은 고객들에게 '아이니드 특유의 스타일이 좋다'는 말을 듣곤 한다. 이런 평가를 받을 때마다 가구를 만드는 사람으로서 참 행복하다. 무엇을 만드는 사람들에게는 이보다 더 듣기 좋은 말도 없을 것이다. 이 개성을 찾기 위해 창작자들이 얼마나 많은 시간과 땀을 쏟는지 모른다. 어떤 제품에서 개성을 만들어 낸다는 것은 쉬운 일이 아니다. 아이니드의 스타일도 엄청난 시행착오 끝에 찾아낸 것이었다.

만드는 사람들은 저마다 못 말리는 똥고집을 하나씩 가지고 있다. 물론 나도 예외는 아니었다. 나는 누가 봐도 기가 막힌 가구를 만들고 싶었다. 시시한 건 아예 만들 생각도 없었고, 만들기도 싫었다. 내가 만든 가구를 세상에 보여줄 수 있는 기회, 인생에 한 번 올까말까 한 그런 기회를 잡은 게 아닌가! 나는 출발 지점에서 스타트 신호를 기다리고 있는 한 필의 경주마 같았다. 의기양양했고, 두려울 것이 없었다.

동생 진수는 그런 나를 보며 뽐낼 생각 하지 말고 쓸 만한 물건을 만들라고 별의 별 시답잖은 말을 했지만, 나는 그런 진수를 보며 나를 몰라도 한참 모른다고 생각했다. 가구 하나하나가 곧 난데, 나를 표현하는 건데 쓸 만한 물건이라니 가당치도 않은 말이었다.

'그래, 비웃을 거면 비웃어라. 가구도 모르는 너한테 백날 말해봤자 뭘 알아듣겠냐. 딱 기다려! 기가 막힌 가구를 들고 올 테니까.'

내가 만든 가구로 인간 '장민수'를 보여주고 싶었다. 그러기 위해서는 세상에 없는, 오로지 나만 만들 수 있는 가구가 나와야 했다. 그래서 나는 기존에 있는 가구를 파괴하고 분해해서 새롭게 만드는 아주 예술적인 행위를 시도했다.

똥고집과 열정은 종이 한 장 차이였다. 나는 스타트 신호를 기다리고 있는 경주마가 아니라 고삐가 풀린 한 마리 야생마였다.

▲ 사진 3 |
예술적인 행위 끝에 탄생한 결과물. 의자 두 개를 분해해 재결합했다.

나는 개집 하나를 만들어도 일일이 도면을 그려가며 예술혼을 불태웠다. 작은 것 하나하나에 내 모든 것을 쏟으면 사람들이 분명 알아봐줄 거라고 굳게 믿고 있었다. 물론 틀린 말은 아니지만, 힘을 빼라는 주변 사람들의 목소리가 내 귀에는 들리지 않았다.

나의 독주獨走는 끝이 없었다. 가구 하나 제대로 만들지도 못하고 팔지도 못하던 시절이었다. 그런 상황에 나는 칠도 마감도 제대로 잘 해보고 싶어서 공장 한 구석에 도장간을 만들고 기계를 들였다. 자기 같은 반질반질한 질감을 내고 싶어서 코팅을 두껍게 해보기도 했다. 원래는 그렇게까지 하지 않아도 되는 작업이었다. 그저 누가 봐도 감탄할 만한 그런 '작품'을 만들겠다는, 내가 담긴 가구를 만들어보겠다는 그놈의 욕심 때문에. 그러다보니 만드는 공정보다 칠하고 건조하는 시간이 배 이상으로 들었다. 진수는 그런 나의 모습을 참고 지켜보다 결국 폭발하고 말았다.

"혼자 잘 만들면 뭐해? 뭐하냐고! 잘 만들어서 우리가 갖고 있을거면 가구 회사를 왜 해? 우리는 가구를 팔기 위해 회사를 만든 거야! 형은 고객을 위한 가구를 만들어야 한다고!"

하루하루가 전쟁이었다. 그러나 진수의 잔소리 폭격에도 나는 끄떡없었다. 그렇게 쉽게 포기할 내가 아니었다. 하지만 현실은 나의 긍지(라고 쓰고 똥고집이라고 읽는다)를 가만히 내버려두지 않았다. 만든 가구가 없으니 당연히 팔 수 없었고, 재정은 어느덧 단돈 10만 원이 아쉬울 정도로 축나 있었다. 매장에 내놓을 그럴 듯한 가구 하나 만들지 못하는 현실은 나를 궁지로 사정없이 몰아붙였다. 첫 번째 위기였다. 그제야 정신이 드는 것 같았다. 이래서는 안 되었다. 스스로를 정리할 필요가 있었다.

그래서 나는 공장 구석에 을씨년스럽게 자리를 잡고 있던 도장간을 모조리 부숴버렸다. 도장간을 부순다고 뾰족한 수가 생기는 건 아니었지만 마음을 다잡기 위해서였다. 잔해를 치우며 진수가 했던 말을 천천히 곱씹어 보았다. 그리고 다짐했다.

'변해야 한다. 생각을 바꿔야 한다.'

그러나 똥고집이 괜히 똥고집이겠는가. 마음먹은 대로 사람이 달라지면 이 세상에 못 할 일이 뭐가 있을까. 다음 날 공장으로 출근해서 만들다 만 가구들을 보고 있자니 또다시 욕심이 스멀스멀 피어오르기 시작했다. 여기를 조금만, 아주 조금만 더! 그 '조금만'이 끝끝내 내 발목을 붙잡았다. 가구를 만드는 과정에서도 디자인을 그리는 과정에서도 나는 힘을 빼지 못했다. 어떤 계기로 조금 바뀌는 듯싶다가도 다시 제자리를 찾아가는 과정을 끊임없이 반복했다.

우여곡절 끝에 나는 몇 개의 가구를 만드는 데 성공해 그것을 진수에게 보여주었다. 나는 진수의 칭찬을 바라면서 서 있었으나 정작 가구를 본 진수는 쉽게 입을 열지 못했다.

"말해봐, 편하게."

"좀……난해한데? 아무리 헤이리가 예술 마을이라고는 하지만……."

울컥, 속이 상했다. 심혈을 기울여 만든 가구를 보고 칭찬을 해주지 못할망정 안 될 거라는 식으로 이야기하는 진수가 야속했다. 내가 볼 땐 예술성과 상업성을 두루 겸비하고 있는 아주 참신한 디자인의 가구였다. 어디 그뿐인가. 진수 말을 듣고 나름 내것을 많이 내려놓은 거였는데……. 그런 내 노력을 알아봐주지 못하는 진수가 미웠다. 화가 솟구쳤다.

"네가 가구에 대해서 뭘, 얼마나 안다고 그래?! 진열도 안 해보고 사람들이 좋아할지 안 좋아할지를 네가 어떻게 알아? 일단 매장에 전시해 줘. 내가 매장에 나가서 직접 팔아볼 테니까!"

나는 진수의 판단이 잘못되었다는 것을 확실하게 보여주고 싶었다. 진수의 입에서 자신의 판단이 잘못되었다는 말과 칭찬의 말이 나오게끔 만들고 싶었다. 헤이리 마을을 찾는 손님 중 누군가는, 내 열정과 감각을 반드시 알아봐 줄 것이라고 생각했다.

그날 이후, 나는 며칠을 매장에서 보냈다. 그러나 가구에 대한 관심은 둘째 치고, 가구의 용도를 정확하게 알아보는 사람도 드

물었다. 심지어는 내가 만든 가구가 의자인지 책상인지를 구분하지 못해 의자인 줄 알고 앉았다가 제품을 망가뜨린 사람도 있었다. 그쯤 되면 똥고집을 버렸어야 했는데, 나는 디자인이라는 단어를 사용해 사람들을 이해시키려 했다. 진수는 그런 나를 이해하지 못했다.

"형! 고객이 의자라잖아. 그걸 형만 책장이라고 우기고 있어!"

진수의 잔소리는 거칠고 강해졌다. 그러나 진수의 질책이 강해지면 강해질수록 내 마음은 더더욱 굳게 닫혔다. 이미 내 것을 많이 내려놨는데 어디까지 더 내려놓아야 한단 말인가. 사람들의 반응도 도무지 이해할 수 없었다. 하지만 이내 이렇게 생각하기로 했다. 기존 가구와는 전혀 다른 스타일이기 때문에 이해하는 데 시간이 조금 더 걸리는 것뿐이라고. 그렇게 스스로를 위로하며 합리화하기 시작했다. 좀 더 많은 사람들이 이 가구를 보면 상황이 달라질 수 있을 것이란 생각이 내 행동을 옭아매고 있었다.

물론 아예 관심을 끌지 못한 것만은 아니었다. 신기해하며 사진을 찍어가는 사람들, 작가가 누구냐고 묻는 사람들도 있었다. 그럴 때면 풀이죽어있던 자신감이 되살아났다. 그러나 문제가 있다면, 구매를 위해 가격을 묻는 사람은 여전히 없다는 사실이었다.

그럴 수밖에 없었다. 언젠가는 팔리겠지, 어딘가에는 분명 내 작품을 좋아해주는 사람이 있겠지, 라는 막연한 기대와 희망을 갖고 만든 가구들이었기 때문이다.

시간이 가면 갈수록 점점 지쳐갔다. 답답해지기 시작했다. 도대체 뭐가 문제였던 걸까? 공장에서 가구를 좀 더 만들어보고 나왔어야 했다. 섣부른 판단을 한 것은 아닌지 슬슬 걱정이 들었다. 그러던 어느 날, 나는 매장을 방문한 커플의 대화를 우연히 듣게 되었다.

"자기야, 이 가구 진짜 신기하게 생겼다."

"그러게, 특이하네. 한 번 물어볼까? 저기, 이거 어떤 작가분 거예요? 판매는 안 하죠?"

드디어 판매를 물었다! 나는 첫 판매를 기대하며 열심히 설명했다. 그러나 돌아오는 대답은 허탈했다.

"아……예쁘긴 한데, 저희 집에 필요할지는 잘 모르겠네요."

그 커플은 다음번엔 좀 더 실용적인 가구를 만들어보면 좋을 것 같다는 친절한 조언까지 해주고는 매장을 유유히 떠났다. 뭔가 뒤통수를 제대로 한 대 얻어맞은 기분이었다. 필요하지 않다는 이야기가 머릿속을 떠나지 않았다. 진수가 그렇게 이야기할 땐 귀에 들어오지 않던 것을 고객이 이야기하니 엄청난 충격으로 다가왔다. 단번에 무장해제 당한 느낌이었다.

'고집이었구나. 진수가 말했던 게, 바로 이런 뜻이었구나.'

그러고 보니 내가 만든 가구들에는 소통이 없었다. 회사 이름도 아이니드로 만들어놓고는 고객이 필요로 하는 가구가 아니라 나를 위한 가구를 만들고 있었다. 그러니 고객과 소통이 안 될 수밖에.

부끄러웠다. 그러나 한편으로는 잘못을 인정하니 힘이 났다. 다시 한 번 해보자. 이제는 정말로 진수가 그토록 이야기했던, 고객에게 필요한 가구를 만들어 보자며 다짐에 다짐을 거듭했다.

그러나 창작의 영역이 아무리 그분(?)의 힘을 강하게 받는 곳이라 해도 새로운 디자인이 그렇게 쉽게 나올 리 없었다. 머리를 쥐어뜯는 날의 연속이었다. 때로는 분을 이기지 못하고 악을 쓰며 가구를 바닥에 내동댕이쳤다. 어쩔 때는 기껏 만든 가구를 모조리 때려 부수고 나무 조각들을 불구덩이로 밀어 넣기도 했다.

'미안하다. 주인 잘못 만나서 멋진 가구도 태어나지도 못하고 난로 땔감으로 쓰이는구나. 다음엔 꼭, 멋진 놈으로 만들어줄게.'

가구를 만들고 부수고, 또 다시 만들고 부수는 길고 지루한 과정 속에서 사고의 방향은 자연스럽게 고객으로 향하기 시작했다. 사람들이 불편함을 느끼는 가구는 무엇이 문제일까? 정말 필요로 하는 가구는 어떤 것일까? 어떤 원목을 사용하는 게 좋을까? 질

문들은 꼬리에 꼬리를 물며 확장되었고, 나는 그 답을 얻기 위해
생각하고 또 생각했다.

생각을 바꾸면 답이 보인다

아이니드 가구 중에서도 유독 고객들의
사랑을 많이 받는 가구가 있다. 인
기 상품으로 아이니드의 효자 노
릇을 톡톡히 하고 있는 그 녀석은
다름 아닌 '화장대'다. 남자다
움을 강조하기 위해 토치로
의자를 태우던 내가 화장대
를 만들다니, 정말이지 장

◀ **사진 4 |**
아이니드 화장대

족의 발전이 아닐 수 없다.

화장대 이야기를 하려면 똥고집 때문에 허덕이던 시기로 다시 거슬러 올라가야 한다. 나를 버리고 진수가 원하는 가구를 한 번 만들어보자고 다짐했던 그 때. 그러나 그게 무엇인지 아이디어가 도통 떠오르지 않아 나는 머리를 쥐어뜯고 있었다. 그러다 문득, 본인에게 물어보는 게 가장 빠르겠다는 생각이 들었다. 나는 진수에게 찾아가 질문을 던졌고, 진수는 답을 하기 시작했다.

"형, 내가 장사를 해보니까 고객을 정확히 이해하는 것부터가 중요하더라고. 우리가 만든 가구를 누가 살까? 우리 가구를 구매할 사람들은 여자야. 집을 꾸미는 사람들이 여자니까. 그러니까 우리는 여자한테 맞는 제품을 만들어야 해."

"듣고 보니 정말 그러네. 근데 여자들은 뭘 좋아해?"

"예쁜 거 좋아하지. 예쁜 가구."

"예쁜 가구? 그럼 테이블을 예쁘게 만들어볼까? 아니면 식탁?"

"음……근데 테이블은 결혼한 사람 아니면 집을 가지고 있는 사람에게 필요한 거잖아. 그런 것보다 더 일반적으로 쓸 수 있는 거면 좋겠는데."

"여자가 제일 많이 하는 게 뭘까?"

"어……화장, 화장 많이 하지. 예쁘게 보이려고."

화장대! 그렇다. 정답은 화장대였다!

이제 겨우 주제를 정한 것뿐인데도 나는 한결 가벼워진 마음으로 다음 단계에 들어갔다. 나는 기존 회사들이 판매하고 있는 화장대 자료를 전부 모으기 시작했다. 옛날 제품, 해외제품, 카피한 제품, 유명 디자이너 제품, 가리지 않았다. 하다못해 카피를 하더라도 기성 제품을 모르면 할 수가 없었다. 자료를 모아놓고 보니 답이 조금 보이는 것 같았다.

'여기서 디자인을 뽑는 게 아니라, 여기에 없는 걸 만들면 되겠다.'

수많은 화장대 사진을 보고 내가 찾은 답은 '단순함'이었다. 여차 해서 화장대 거울 옆에 조그마한 날개를 만들어서 붙여볼까 싶어도 이미 날개 달린 제품이 시중에 나와 있었다. 서랍 손잡이도 꽃 모양부터 시작해 별의 별 종류가 다 나와 있었다. 어디 그뿐인가. 제품 하나가 시장에서 대박을 치면, 다음에는 그 제품에 뭐 하나가 더 붙어 신제품으로 나왔다. 이렇다 보니 시간이 흐를수록 디자인이 비슷하면서도 복잡한 화장대가 늘어났다. 예쁘게 만들고자 하면 끝이 없었다. 이건 아니란 생각이 들었다. 그래서 나는 가구를 만드는 데 있어 가장 기본으로 돌아가기로 했다.

나는 디자인이 단순한 화장대를 연구하기 시작했다. 그중에서도 내 눈길을 사로잡은 제품은 주로 20세기 초, 유럽과 미국에서 사용했던 뚜껑이 달려 있는 거대한 화장대였다. 군더더기가 하나도 없었고, 지금 당장 시장에 내놔도 모자람이 없어 보였다. 보면 볼수록 마음이 끌리는 디자인이었다.

단순한 디자인은 아무것도 없이 시작해야 하는 우리 입장으로서는 여러모로 이점이 많았다. 만들기 수월한 것도 그중 하나였다. 문양을 많이 넣으려면 그만큼 많은 시간과 많은 사람이 필요했다. 수적 싸움으로 나가면 승산이 없었다. 그러나 단순한 디자인으로 가면 승산이 있었다. 적은 인원으로도 공정히 가능했고, 그렇기 때문에 가격을 많이 낮출 수 있었다. 이리 생각하고 저리 생각해봐도, 단순한 디자인은 우리에게 딱 맞는 디자인이었다. 그리고 무엇보다도 그 '시기'가 다가오고 있었다.

가구도 패션과 마찬가지로 주기를 두고 돌고 돈다. 그 중심축에는 단순함과 화려함이 공존하고 있는데, 화려한 문양이 가득 들어간 가구가 인기를 얻기 시작하면 그 가구는 인기와 함께 화려함의 절정을 찍는다. 화려한 가구가 사람들에게 스포트라이트를 받을 동안 다른 한쪽에서는 문양을 생략한 단순한 가구가 소리 없이 기세를 키운다. 단순한 가구는 화려한 가구의 인기가 시들해지면 그 틈을 노리고 들어온다. 단순한 가구가 대세인 시대가 시작되는 것이다.

내가 끌렸던 제품은 바로 그 주기의 정점에 있었던, 문양을 전부 생략한 단순한 모양의 화장대였다. 무늬라고는 나뭇결 모양밖에 없었다. 뚜껑을 열면 안쪽에는 거울이 붙어 있었고, 뚜껑을 덮으면 경사가 져 있어 그 위에 책을 올려놓으면 편안하게 볼 수 있는 형태였다.

주기를 따져보자면 우리도 변화의 시점을 앞두고 있었다. 당시만 해도 백화점에는 화려한 문양의 가구들이 인기를 독점하고 있었다. 이 화려함이 시들 날도 얼마 남지 않았다는 생각이 들었다. 명백한 찬스였다.

베스트셀러 화장대의 탄생

디자인은 20세기 초, 유럽과 미국에서 주로 사용하던 뚜껑이 있는 화장대로 결정했으나 만드는 과정이 문제였다.

많은 분들이 하루에 가구를 몇 개 만드느냐란 질문을 해주신다. 화장대를 기준으로 했을 때 지금은 15개에서 20개 정도를 만들지만, 옛날에는 3개 만들면 하루가 다 갔다. 그럴 수밖에 없었다. 그때는 만들 때마다 구멍 뚫을 자리까지 치수를 일일이 쟀으니까.

시행착오도 많았다. 의자를 만들 때였나, 한번은 네 모서리각은 맞는데 수평이 안 맞는 상황이 벌어졌다. 어디가 잘못 된 거지? 재단? 구멍 뚫을 때? 아니면 원판 자를 때? 직각자로 다시 재보기도 하고 가구를 엎어보기도 했다. 원인은 아주 기초적인 실수 때문이었다. 넓이의 대각선을 맞췄어야 했는데 만드는 과정에 푹 빠져 있다 보니 생각이 거기까지 미치지 못했던 것이다. 돌이켜보면 완전 맨 땅에 헤딩이었다. 사회에 나와 목수로서 경험을 쌓긴 했지만 내공이 얕으니 시행착오도 그만큼 많을 수밖에.

그러나 아이러니컬하게도 그런 시행착오 덕분에 오늘의 아이니드가 있기도 하다. 만약에 내가 누군가에게 가구 만드는 것을 체계적으로 배웠다면 아이니드의 공정 순서는 불가능 했을지도 모른다. 아이니드가 자랑하는 본체와 다리가 하나로 연결된 디자인도 탄생하지 못했을 것이다. 이 모든 것은 내가 아이니드를 시작하면서 내 방식대로 만든 것이기에 가능한 것들이었다.

기존 가구에는 일정한 공정 틀이 있다. 그래서 한 사람이 1시간 걸려 만들 수 있는 가구를 30분 만에 만들 수 없다. 물론 같은 일을 반복적으로 하다보면 숙련공이 되고, TV 프로그램에서 보는 달인들처럼 그 속도가 엄청 빨라질 수는 있겠지만 그런 사람들은 극히 드물기 때문에 달인이라고 불리는 거다. 한계가 있다는 이야기다.

그렇기 때문에 내가 추구한 단순화는 디자인의 단순화가 아닌 공정의 단순화였다. 디자인이 예쁜 걸 떠나서, 하나 만드는 데 하루 종일 걸리는 제품을 30만 원에 팔수는 없었다. 공정이 편하고 단순하지 않으면 가격을 낮출 수 없었다. 그래서 어떻게 해서든 공정을 바꿔야 했다.

단순화 하라

공정의 단순화는 군더더기를 없애듯, 불필요한 과정을 생략하는 것이었다. 그런데 이게 생각보다 쉽지 않다. 어느 한 과정도 소홀히 하지 않겠다는 내 욕심과 싸워야 하니까. 그걸 내려놓으려면 내려놓을 수밖에 없는 상황에 직면해야 한다.

진수와 나는 사업초기에 위기를 돌파할 목적으로 리빙페어에 출전했다. 완성된 디자인이 몇 개 없어 밤낮으로 스케치를 그리고, 또 그걸 만들어야 했다. 시간은 미룰 수 없고 가구는 나와야 하는 절박한 상황에 처하게 되니, 오히려 생략이 절실해졌다. 머릿속은 이미 어떻게 하면 이 과정을 생략할 수 있을까란 생각으로 그득했다.

그런 절체절명(?)의 순간 속에서 탄생한 것이 아이니드만의 독특한 스타일로 불리는 가구 본체와 다리의 일체화였다. 일체화란 본체와 다리를 각각 만드는 것이 아니라 제단을 할 때 본체의 옆면과 다리를 하나로 오려내는 방식이다.

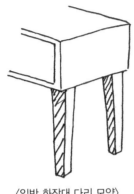

〈일반 화장대 다리 모양〉　　　　　〈아이니드 화장대 다리 모양〉

　본래 화장대 다리를 만들 땐 소나무나 오크로 된 20mm짜리
판을 사용해 다리 부분이 들어갈 각구멍을 만들고, 거기에 각각
의 다리를 끼우는 방식을 쓴다. 설명만 봐도 알겠지만 시간을 많
이 잡아먹는 과정이다. 그래서 나는 옆면을 만들 때 다리까지 같
이 만들어버렸다. 시간을 절약하는 건 물론이고 잘라내고 남은
부분으로 스툴 같은 것도 만들 수 있었다. 디자인과 공정이 단순
한데다가 목재까지 절약할 수 있으니, 세 마리 토끼를 잡는 거나
다름없었다. 물론 본체와 다리를 따로 만들어야 내구성이 더 좋
지 않을까란 생각을 안 해본 건 아니다. 기존의 가구들은 다 그
렇게 만들어졌으니까. 하지만 하나로 만들어도 전혀 문제가 없었
다.

이러한 과정에서 느낀 건, 완성도 높은 디자인을 하려면 제작도 할 줄 알아야 한다는 거였다. 사람들은 흔히 디자인과 제작을 따로 구분해서 생각한다. 그러나 제작을 할 줄 알면 디자인 과정에서 범할 수 있는 오류를 줄일 수 있고, 그 과정에서 전혀 새로운 디자인이 탄생하기도 한다. 시야의 폭이 달라진다. 본체와 다리의 일체화는 그 과정에서 내가 얻은 가장 큰 수확이었다.

아름다움은 비율에서

장식을 생략한 옛날 화장대에 아이니드만의 공법까지 갖추었으니 '단순함으로 기능을 살리면서 가격을 낮추자'는 기존의 목표는 달성했다고 볼 수 있겠으나 내게는 아직 가장 큰 문제가 남아 있었다.

예뻐야 했다. 단순함으로 기능을 살리는 것에서 끝나면 기존 제품들과의 싸움에서 경쟁력을 가질 수 없었다. 저렴하고 실용성도 좋은데 예쁘지 않은 제품은 저렴하고 몸에도 좋으나 맛이 없는 음식과 다를 게 없었다. 몸에 조금 나빠도, 심지어는 값을 더 주고서라도 맛있는 음식을 먹고 싶은 게 사람 마음이다. 예쁜데 비싸면 예쁘기만 한 것이고, 안 예쁜데 가격만 저렴하면 그냥 저렴한 것 아닌가. 경쟁력을 가지려면 예쁘면서도 가격이 저렴한 중간을 찾아야 했다.

단순함을 극대화시킨 옛날 화장대에서 아름다움을 찾으려면 어떻게 해야 할까? 장식을 추가하는 것은 제품이 가지고 있는 기존의 아름다움을 망치는 행위였다. 그렇다고 생략을 할 수도 없었다. 이 이상으로 생략해버리면 기능을 망쳤다.

그래서 생각해 낸 것이 바로 '비율'이었다. 왜, 황금 비율이라고도 하지 않는가. 나는 1cm가 주는 사소한 비율에 주목했다. 1cm만 두꺼워도 가구가 둔탁해보였고, 1cm만 모자라도 가늘어 힘이 없어 보였다. 그래서 나는 여러 개의 다리를 다른 크기로 잘라서 본체에 대보며 눈으로 봤을 때 가장 아름다운 비율을 찾았다. 설령 치수가 3cm가 아니라 3.5cm가 나오더라도 상관없었다. 단순한 화장대의 미적 차별화는 비율만으로도 가능하다는 판단에서였다.

그러다보니 아이니드 가구는 기존 가구 치수와 잘 안 맞는 감이 있다. 대신에 아이니드의 다른 가구들과는 기가 막히게 잘 어울린다. 그렇다보니 고객들은 아이니드 가구를 하나 사면 또 다른 아이니드 가구를 찾았다. 의도한 것은 아니었으나 '아이니드 굴레'를 만들어 고객들을 마니아로 만들었으니, 내 입장에서는 아주 만족스러운 결과였다.

건강하고 정직하게

아이니드의 모든 가구는 원목으로 만든다. 원목은 우리 형제처럼 '날 것의 매력'을 갖고 있었다. 거칠고 투박하지만 정직한 느낌이랄까. 지금은 많은 분들이 원목 가구를 사랑해주시지만 불과 몇 년 전만 해도 이런 원목가구를 판매하는 것이 결코 쉬운 일은 아니었다.

몇 년 전까지만 해도 안방을 차지하고 있는 가구들은 무늬목 가구들이었다. 그런 가구들은 톱밥과 접착제를 섞어 만든 MDF라는 목재로 가구를 만들고 겉에 종이처럼 얇은 나무 합판을 붙인 것이다. 겉에 붙인 나무가 얇으니 시간이 지나면 나무가 수축하는데, 그렇게 되면 안에 있는 MDF가 보인다. 그래서 무늬목 가구는 칠도 코팅도 미라를 만들 듯이 두껍게 한다. 공기에 닿으면 나무가 수축하는 것뿐만 아니라 곰팡이가 슬고 부식되어 1년도 못 쓰는 가구가 될 테니까.

때문에 이런 무늬목 가구들은 아무리 기를 써도 원목 가구의 장점을 이길 수 없다. 그럼에도 불구하고 원목 가구가 일반화되지 않은 것은 원목이 비싸기 때문에 쉽게 가져다 쓸 수 없어서였다. 그러니 가격을 낮출 수 있는 방법을 모색해 고객에게 합리적인 가격으로 제시한다면 고객들도 전과는 달리 원목 가구를 많이 찾을 거라고 생각했다. 시장에서 승산이 있을 거라 굳게 믿었다. 그러나 우리의 계산은 보기 좋게 빗나갔다.

원목 가구는 무늬목 가구들보다 색이 훨씬 밝다. 원목 가구는 공기에 닿으면 부식되는 무늬목 가구와는 성질이 다르기 때문에 색을 입힐 필요도 없고 코팅을 할 필요도 없다. 본디 나무는 어느 정도의 수분을 가지고 있어 자연 건조를 통해 스스로 단단해 진다. 그러니 코팅을 하면 오히려 나무가 숨을 쉬지 못한다. 시간 이 지나면서 나무 본연의 색이 서서히 변하는 것 또한 원목이 가지는 매력이라고 생각했기 때문에 나는 칠이나 코팅을 최소화 했다. 그랬더니 고객들의 반응이 너무나도 좋지 않았다. 앞서 설명한 일반 소비자들에게 친숙한 무늬목 가구들은 색도 중후하고 표면도 금속만큼이나 반질반질했으니, 고객 입장에서는 색칠도 안 되어 있고 표면도 기성 가구보다 거친 원목 가구가 생소했던 것이다.

그래서 나는 반품을 요청하거나 칠을 다시 해달라는 고객들을 찾아가 일일이 설명했다. 그렇게라도 하지 않으면 도저히 이 가구의 좋은 점을 어필할 수 없다고 생각했다. 고객들에게 찾아가 설명을 거듭하는 순간에도 다짐했다. 칠은 절대로 하지 말자고. 이런 시간들이 쌓이면 아이니드 가구와 원목이 좋다는 것을 이해해주시는 분들도 점점 늘어날 것이라는 믿음과 함께.

원목가구는 이렇게 만들어 집니다!

❶ 보통은 원목이라 하면 나무 그 자체를 생각하는데 그건 아니고, 정확하게 말하면 집성목이다. 나무를 그냥 자르면 큰 판이 나오지 않으니 각재를 이어 붙여서 큰 판을 만든다. 각재를 결대로 이어 붙이면 나중에 시간이 지나 나무가 수축할 때 한 방향으로 휘어버리기 때문에 각재의 결은 서로 반대가 되게끔 붙인다.

❷ 재단을 하기 전에 먼저 그날 만들어야 할 가구의 수량을 정확하게 체크한다. 재단을 한 번에 하기 때문이다. 화장대 다리를 10개 만들어야 한다면 중간에 파손될 가능성까지 고려해 넉넉하게 12개 정도를 재단해 놓는다.

❸ 재단이 끝나면 제재목을 작업대 위에 올려놓고 만들어야 할 가구의 조립 순서 도면을 한 번 더 확인한 후, 접합해야 할 부분에 이중드릴로 구멍을 뚫는다. 그런 다음 접합 부분에 나사를 박아 조립을 하고 나무못을 넣어 나사가 들어가 있는 부분을 메운다. 나무못이 튀어나온 부분을 가구 절단면에 맞춰 잘라낸 다음, 샌더sander로 거친 표면을 밀어 부드럽게 만든다. 그러고 나서 트리머trimmer라는 톱으로 제재목의 절단면을 부드럽게 다듬는다. 가구에 따라서 조립을 하고 나서 마감을 해야 하는 경우가 있고 조립을 하기 전에 마감을 해야 하는 경우도 있다.

❹ 조립 과정이 끝나면 칠을 하는데, 칠을 하면 나뭇결의 거친 부분이 다시 도드라지기 때문에 마감 샌더로 표면을 다시 한 번 밀어준다. 스폰지로 수성 스테인stain을 발라 표면 처리를 하고 건조시킨 다음, 다시 거칠게 올라온 부분을 살짝 밀어준다. 거기에 거울이나 수데 등을 붙이면 완성이다.

고객에 대한 예의

화장대를 통해 앞으로 가지고 가야 할 디자인과 공법이 정해지자, 그 다음부터는 일사천리였다. 물꼬가 터지듯 책장과 서랍장, 침대와 식탁, TV장 등의 가구들이 차례로 쏟아져 나왔다.

아이니드 가구 중에서 화장대 다음으로 사랑받는 것이 TV장이다. TV장을 만들 때도 나는 기능을 살리기 위해 '생략'에 중점을 두었다. TV장은 TV를 올려놓는 본래의 기능만 갖고 있지 않고 물건을 올려놓거나 넣을 수 있게 넉넉한 길이와 수납 기능을 가지고 있다. 나는 이 수납 기능을 최소화하고 싶었다. 고객들의 이야기를 들어보니 TV장에 달린 서랍을 그렇게 유용하게 쓰는 것 같지 않았다.

▲ 사진 5 |
아이니드 TV장. 서랍 옆면에 레일이 달려있지 않아 빼내서 따로 써도 된다.

그래서 처음에는 서랍을 없애려고 했다. 그런데 잘 쓰지 않아
도 있는 것과 없는 것은 상당한 차이가 있나 보다. 너무 많은 고
객들이 서랍장을 요청하는 바람에 뺄 수 없었다. 대신에 나는 서
랍에 투자할 에너지를 줄이기로 했다. 서랍 옆면에 레일을 달지
않는 것이 그런 예였다. 서랍 레일을 넣는 이유가 쓰기 편하라고
넣는 건데 그것도 필요 없다고 생각했다. TV장 서랍장은 주로 쓰
지 않는 리모컨과 옛날 DVD등을 보관하기 위해 쓰지 않는가? 책

상 서랍이나 옷장 서랍같이 매일 꺼내 쓰는 곳이 아니니 없어도 충분하다고 생각했다. 그런데 아니나 다를까, 서랍 레일을 달아 달라는 고객 요청이 들어왔다. 그래서 나는 이렇게 이야기했다.

"그냥 쓰세요."

이 책을 읽고 있는 당신의 표정이 얼마나 황당할지, 나도 잘 안다. 뭐지 이거? 싫으면 쓰지 말라는 판매자의 '갑질'로 보이겠지만 자고로 한국말은 끝까지 들어야 한다.

"대신 가격이 저렴합니다. 레일 값도 뺐어요. 레일 값 빼서 좋은 원목 쓰는 데 보탰어요. 저희 이거 원목이에요. 서랍도 전부 원목으로 만든 거라 튼튼하고, 따로 꺼내서 쓰셔도 돼요."

그럼 고객은 고개를 끄덕인다. 아 맞네, 정말 그렇다며.

서랍 같은 경우, 보이지 않는 부분은 합판을 쓰기도 한다. 하지만 나는 전부 원목을 고집했다. 합판을 쓰면 만들기도 편하고 이익도 그만큼 많이 남길 수 있지만 내구성이 떨어졌다. 나는 원목이 가진 장점 중의 하나인 내구성을 합판으로 해치고 싶지 않았다. 고객의 필요를 채워주기도 전에 나가떨어지는 가구를 만들고 싶지 않았다. 그러니 보이지 않는 곳까지 원목을 고집할 수밖에 없었다. 그게 기꺼이 돈을 지불하고 아이니드 가구를 사는 고객들에 대한 예의라고 생각했다.

▲ 사진 6 |
아이니드 책장. 뒤판이 없으니 어느 방향에서도 책을 꽂을 수 있고, 파티션으로도 활용
가능하다. ⓒ노는 언니 블로그

그다음으로 사랑받는 가구가 바로 이 책장이다. TV장도 그렇고 책장도 그렇고 두 가구에는 공통점이 하나 있는데, 뒤판이 없다는 거다. 이유는 간단하다. 자재를 아끼기 위해서! 사람들은 너무나도 당연하게 뒤판이 있어야 한다고 생각하는데 사실 그럴 필요가 없다. 뒤판은 벽의 지저분한 부분을 가리기 위해 붙이는 건데, 요즘 집들은 옛날 집들과 달리 벽이 바래있지도 않고 지저분

하지도 않으니 없어도 괜찮다. 어차피
책을 꽂으면 뒷부분이 다 가려지
는데 왜 붙이는 건지 잘 모르겠
다. 어쨌든 뒤판을 생략하니
앞뒤 구분이 없어져, 어느 쪽
을 향해 두더라도 상관없는
편리함을 갖추게 되었다.

▲ 사진 7 |
아이니드 침대

　침대에도 웃지 못 할 에피소드가 하나 있는데, 리빙페어 출전
을 위해 정신없이 새로운 가구를 만들 때였다. 침대를 만들어야
하는데 시중에서 파는 합판으로 만들자니 합판이 너무 얇았다.
부실해보였고, 이걸로 침대를 만들면 고객들이 별로 좋아하지 않
을 것 같았다. 그렇다고 합판을 붙여서 쓰자니 시간이 오래 걸리
고……. 고민이 많던 차에 인천의 자재 시장에서 우연히 지금의
침대 목재로 사용하는 원목을 보게 되었다. 이게 뭐냐고 물어봤
더니 계단 발재 원목이란다. 원목 집을 지을 때 사용하는 원목인
데, 집안 계단으로 만들기 때문에 단단하면서도 부드럽게 집성된
거였다. 가격은 그렇게 비싸지 않았지만 사이즈가 고정되어 있어
침대 사이즈에 맞는 원목이 없었다. 하지만 선택의 여지가 없었
다. 원래 아쉬운 사람이 고개를 먼저 숙이는 법. 나는 이 사이즈
에 맞춰서 침대를 디자인했다. 무려 리빙페어 일주일 전에!

이런 저런 우여곡절 끝에 세상의 빛을 보게 된 아이니드 가구들. 수많은 시행착오를 겪으며 잠깐 반짝였다가 사라진 이전 가구들을 생각하면 많은 사람들에게 더 많은 사랑을 받았으면 하는 마음이 든다. 진수는 아이니드가 정말 좋은 이유로 한국의 전형적인 아파트 스타일에 적합한 사이즈를 갖추었다는 것과 싸고 예쁘면서도 남들이 봤을 때 잘 샀다는 이야기를 들을 만한 합리적인 이유를 만들었다는 것을 꼽았는데, 제작자의 입장에서 아이니드가 정말 좋은 이유를 꼽자면 가장 만들기 편한 디자인이라는 것을 꼽고 싶다.

장인에게 기술이 국한되어 있어 그 누구도 따라할 수 없는 그런 가구가 아닌, 누구나 쉽게 따라서 만들 수 있는 가구. 사람들이 아이니드 가구를 보고 '저건 나도 만들 수 있겠다'는 생각을 하길 바랐다. 기술은 배우기 어렵다는 고정관념 때문에 노동 시장도 기존의 이미지에서 벗어나지 못하는 것이라고 생각했기 때문에 더더욱. 누군가의 밑에서 수년을 있어야 기술을 배울 수 있다는 것 자체를, 이제는 다르게 생각해야 하지 않을까. 누구든지 목수라는 울타리 안을 기웃거릴 수 있도록.

나는 그 열정을 샀어요

누구에게나 중요한 터닝 포인트가 있다. 우리의 터닝 포인트는 화장대였다. 지금은 터닝 포인트라고 자신 있게 말할 수 있지만 그때는 그런 확신이 없었다. 완성된 화장대를 본 순간 진수는 '형, 이거다!'라고 외쳤으나 정작 만든 나는 자신이 없었다.

변화의 시작도 고객에게 있으니, 그 답도 고객에게서 찾아야 한다고 생각했다. 그래서 우리는 거울도 붙이지 않은 화장대를, 심지어 칠도 안한 물건을 부랴부랴 매장으로 가져왔다.

미완성품이라 팔수는 없었지만 반응이 좋았다. 사람들이 예쁘다고 하면서 가격을 물어보기 시작했다. 가격을 물어보지 않았던 전과 비교해보면 엄청난 성과였다. 이제야 흩어져 있었던 퍼즐들

이제 자리를 찾아가기 시작했다는 생각이 들었다. 이 스타일이 우리가 가지고 가야 할 스타일이다. 나는 그제야 확신할 수 있었다. 확신은 새로운 아이디어를 몰고 왔다. 화장대를 기점으로 책장, 서랍장, 침대, 식탁 등의 가구들이 쏟아져 나왔다.

그중에서도 책장 하면 잊을 수 없는 일화가 있다. 팔리지 않는 가구를 만들면서 한숨짓는 매일을 살았으나 도전하는 시간이 결코 헛된 것이 아님을 깨닫게 해준 그 시간은 지금도 내 마음에 오롯이 남아있다. 요일도 생생하게 기억하고 있다. 금요일이었고, 마감을 앞두고 있어 한산했다. 직원들은 모두 퇴근하고 없었는데 한 노부부가 매장으로 들어왔다. 아직 구경할 수 있느냐는 말에, 나는 정리하던 손길을 멈추고 괜찮으니 천천히 구경하시라고 했다.

구경만 하다가 매장을 그냥 나가버리는 사람들이 워낙 부지기수였던 터라, 나는 나도 모르게 저분들도 그냥 구경만 하다 가실 거라는 생각을 가지고 그분들을 맞이하고 있었다. 그리고 얼핏 보아도, 그분들은 내가 만든 가구보다는 값비싼 고급 가구를 사실 분들 같아 보였다. 노부부는 무슨 보석이라도 찾는 것 마냥 가구를 하나하나 세심하게 살피더니, 내게 질문을 던졌다.

"이 책장 누가 만든 거죠?"

"아, 네. 제가 만들었습니다."

"그렇군요. 이거 파는 거 맞죠?"

"네."

"살게요. 얼마예요?"

순간 멍했다. 매장에서 가구를 팔겠다고 하면서도 팔리지 않는 날들이 계속되다 보니 하루하루를 기대감 없이 살고 있었다. 그래서 가격도……미처 생각해 보지 않고 있었다.

당황한 나는 가격표를 찾는 척하면서 카운터로 달려갔다. 머릿속으로 계산기를 빠르게 두드려 봤지만 도무지 감이 잡히지 않았다.

'얼마에 팔면 좋지? 너무 비싸면 안 사실 것 같은데. 그렇다고 너무 싸면 제품에 하자 있는 거 아닌가 의심하실 것 같기도 하고……아, 어쩌지.'

머리를 아무리 굴려 봐도 답이 나올 것 같지 않았다. 그래서 나무 원가를 계산해보니 대충 7만 원 쯤 되어 보였다.

"7만원인데……비싼가요?"

"비싸다니요. 젊은 사람이 멋진 일을 하네요. 가구에서 열정을 느꼈어요. 나는 그 열정을 산거예요. 앞으론 더 비싸게 팔아도 될 것 같아요. 이렇게 멋진데."

'내 열정을 샀다.'

두 분이 매장을 떠난 후에도 그 말이 귓가를 맴돌았다. 부족함 많은 가구였으나 그 속에 깃들어 있던 용기와 열정을 보고 멋지다고 칭찬해주신 그분들에게 고맙고 감사한 마음이 들어, 한동안 가슴이 먹먹했다.

그분들을 통해 나는 내 가구를 사주시는 분들이 얼마나 고마운 분들인가를 느꼈다. 더불어 내가 만든 가구의 가치를 몰라주는 사람들은 안목이 없는 사람들이라는 생각이 옳지 않았다는 것과, 감사할 줄 알아야 고객 입장에 서서 더 좋은 제품을 만들 수 있다는 사실을 비로소 깨닫게 되었다.

그렇게 생각을 바꾸자 아이니드 가구는 아이니드만의 고유한 색깔을 갖고 실용적인 모습으로 성장하기 시작했다. 고객들의 의견에 귀를 기울이다보니 아이니드 가구의 장점이 내가 생각지도 못한 곳에 있을 수도 있겠다는 생각도 하게 되었다. 내 의도와는 다르게 가구를 해석하는 고객이 있었고, 내가 평범하다고 생각했던 부분을 오히려 좋게 봐주는 고객도 있었다. 그래서 나는 아이니드 로고를 만들 때 진수가 했던 말처럼, 고객들의 '필요하다'는 말을 놓치지 않으려고 애쓰기 시작했다. 열심히 홈페이지 후기도 살피면서 고객들의 관점을 배우고자 노력했다.

목수는 가구를 만드는 역할이고, 그 가치를 정하는 것은 고객이다. 누가 어떻게 가구를 만들었는지는 차후의 문제였다. 가구는 누군가가 자신을 사용할 때 비로소 생기를 가졌다.

가구뿐만이 아니다. 기억하자. 어떤 제품이라도 고객들이 구매해 주어야 비로소 의미가 있다는 사실을, 잊지 말아야 한다.

3장. 평균값을 아십니까?

거리에서 깨우친 중요한 교훈

 사업을 시작하기 위해 서울로 올라왔을 때를 잊을 수 없다. 학벌도 고졸인 놈이 돈도 빽도, 아무런 기반도 없이 사업을 하겠다고 하자 사람들은 코웃음을 쳤다. 청년의 패기라고도 말할 수 없었다. 어느 누구도 나를 온전하게 바라보고 내가 하는 이야기를 들으려 하지 않았다.

 나는 뼈저리게 느꼈다. 나를 증명해주는 무언가가 없으면 사람들은 내 말을 들으려고도 하지 않겠구나. 사회는 아무것도 없는 청년의 이야기를 들어줄 만큼 친절하지 않았다. 그래서 나는 나를 증명해줄 무언가를 만들기 위해 서울산업대학교에서 운영하는 창업보육센터에 들어갔다.

'대학 창업보육센터에서 사업을 준비하는 청년'이란 수식을 붙이고 나니 대화가 훨씬 수월해졌다. 그래서 나는 나를 설명할 때 언제나 '서울산업대 창업보육센터 산업협력단에서 창업한 사람'이라고 소개했다. 이렇게 시작을 여니 사람들은 그제야 내가 하는 말에 귀를 기울여주었다.

그때 내가 내린 결론은 '이유'였다. 사람들은 이유를 원했다. 내가 당신의 말을 들어야 할 이유, 더 나아가 이 제품을 사기 위한 이유. 장사를 시작하고 나서 고객들에게 가장 많이 받은 질문도 이와 비슷했다.

"이거 브랜드 어디 거예요?"

"어? 이거 전에 어떤 연예인이 입은 거랑 비슷하네."

"오, 이거 괜찮다. 누가 디자인한 거예요?"

고객들의 물음 속에는 그들이 사야할 이유가 숨겨져 있었다. 거기에는 이 제품을 구매하고 스스로 만족하는 것에 그치지 않고 더 나아가 주변 사람들에게 인정받고 싶은 욕구가 내포되어 있었다. 제품을 살만한 어떤 이유를 만들지 못한다면, 고객들의 지갑은 쉽게 열리지 않겠다는 생각이 들었다.

그렇게 고객을 통해 느끼고 깨달은 것들, 나는 그것들을 하나씩 정리하기 시작했다. 그리고 이 집합체를 구매를 위한 '평균값'이라 불렀다. 평균값이란 고객이 제품을 구매하기 위한 최소한의 조건이다. 이것은 거리에서 고객들과 씨름하며 터득한 나만의 노하우다. 이 평균값에 미달한 제품은 제품 자체가 아무리 우수해도 고객의 관심을 끌기가 어려웠다.

한 번에 세 마리 토끼 잡기

형이 가구를 개발하는 동안 나는 아이니드를 위한 평균값의 토대를 만들어야 했다. 이유를 찾기 위해서는 먼저 제품을 구매하는 고객부터 봐야했다. 그게 시작점이었다. 아이니드 가구는 20대에서 30대의 젊은 여성들을 주요 타깃으로 잡고 있었다. 그렇다면 이런 젊은 여성들은 가구를 구매하기 위해 어떤 과정을 거칠까? 먼저는 가구에 대한 정보를 알아야 했다. 정보를 쉽게 얻을 수 있는 곳. 정답은 인터넷이었다.

나는 즉시 인터넷에 들어가 예시로 화장대를 검색해 보았다. 아니나 다를까 엄청난 양의 가구와 가구회사, 그와 관련된 기사들이 쏟아져 나왔다. 평균값의 토대는 이곳에 숨어 있었다. 사람들이 아이니드라는 이름을 들을 수 있도록 기반을 만들어야 했다.

어떤 사람이 아이니드라는 가구 회사를 우연히 알게 되어 검색을 시도했다고 가정해보자. 그런데 검색 페이지 첫 창에 아이니드가 나오지 않고 온갖 잡다한 것들이 뜨면 그 사람의 관심은 오래가지 않을 것이다. 구매가 인터넷을 통해 얻은 정보에서 나온다면 이래서는 안 됐다. 아이니드가 어떤 회사라는 설명과 함께 가구에 대한 고객의 평가, 언론의 기사가 필요했다. 다만 문제는 아직 제대로 판매조차 시작하지 못한 우리의 가구를 주목해줄 언론도, 고객도 없다는 것이 문제였다. 돌파구가 필요했다.

이런저런 고민을 하고 있는데 문득 친구들과 함께했던 창업대전의 좋은 추억이 떠올랐다. 프로방스의 매장에서 쌈지길 매장으로, 또 다른 매장으로 확대가 가능할 수 있었던 건 바로 창업대전이 있었기 때문이었다. 박람회는 다양한 사람들이 모이는 곳이었다. 수많은 블로거들과 기자들, MD들이 그곳을 찾아왔다. 박람회는 이들 모두에게 우리의 제품을 선보일 수 있는 절호의 기회였다.

나는 바로 대한민국에서 가장 큰 가구 박람회를 찾았다. 마침 코엑스에서 열리는 리빙페어가 가까운 시기에 열릴 예정이었다.

물론 박람회에 모일 그들이 글을 써준다는 보장은 없었다. 하지만 나는 형이 만든 가구에 확신을 갖고 있기에 그들을 사로잡을 자신이 있었다. 때마침 화장대도 완성이 되어 유동인구가 많은 곳에 내놓으면 대박이 날 것 같았다. 그들이 우리 가구를 본다면 분명 관심을 갖게 될 거고, 사진을 찍어 다양한 형태로 인터넷에 퍼트릴 거라는 확신이 있었다. 그런 마음으로 형을 열심히 설득했으나 형의 반응은 부정적이었다.

"이제 겨우 매장에서 반응을 얻기 시작했을 뿐이잖아. 부스를 꾸밀 만한 다양한 가구도 갖추질 못했는데……. 시기가 너무 일러."

형은 부정적인 견해를 넘어, 불안해 보였다. 그러나 새로운 돌파구를 눈앞에 두고 이대로 물러설 수 없었다. 이 기회를 놓치면 다음 리빙페어까지 1년을 꼬박 기다려야 했다. 막말로 그때까지 회사가 존재할지 알 수 없는 상황이었다. 형에게는 부담이 될까 말하지 않았지만 자재비와 자잘한 부대비용으로 빌린 1000만 원도 이미 바닥이 난 상황이었다. 나는 형을 끈질기게 설득했고, 리빙페어까지 한 달 앞둔 시점에서 형의 마음을 돌리는 데 성공했다.

리빙페어 부스비가 600만 원, 부대비용이 1000만 원이었다. 바닥난 재정에 구멍을 뚫는 거나 마찬가지였다. 하지만 나는 여기에서 그치지 않고 형에게 공장을 파주로 옮기자고 이야기했다. 리빙페어가 끝난 후 엄청난 주문이 몰려 올 것을 대비하고 싶었다. 그러나 공장 이사만큼은 형도 순순하게 물러서지 않았다.

"리빙페어가 끝나면 주문이 밀려들어올 거라고? 아직 뚜껑도 안 열어 봤는데? 이건 완전히 무리수야!"

우리는 하루하루, 그야말로 박 터지게 싸웠다. 그러나 내게는 반드시 성공할 거라는 확신이 있었다. 형이 만든 화장대를 보고 느꼈다. 그러니 공방에서 가구 한두 개씩 만드는 걸로는 앞으로 닥쳐올 주문량을 도저히 감당할 수 없을 것이라 생각했다. 그때 가서는 이사를 하고 싶어도 하지 못할 게 분명했다. 재정을 밑 빠진 독으로 만들고, 나를 벼랑 끄트머리로 몰아세우는 거나 다름없었지만 그렇게 해야 했다. 더 이상 물러설 곳도, 돌아갈 곳도 없어야 절실한 마음으로 이 일에 매진할 수 있으니까. 형은 결국 알아봐둔 공장이 있냐고 물었고, 나는 준비해 두었던 후보 몇 군데를 보여 주었다. 형은 파주를 선택했고 우리는 계약 다음날부터 쉴 틈 없이 이사 준비에 매달렸다. 낮에는 공장 이전을, 밤에는 숙소 이전을 병행하며 3일 날밤을 샜다.

그리고 나서 나는 형과 머리를 맞대어 리빙페어 부스를 그렸고, 추가로 필요한 가구 목록을 작성했다. TV장, 식탁, 침대, 서랍장 등등이 쏟아져 나왔다. 우리가 당시 가지고 있던 거라곤 화장대와 책장, 미니 책꽂이 뿐이었으니 갈 길이 멀었다. 한 달간 고생할 형의 모습이 그려져 미안한 마음이 들었지만 어떻게든 버티고 만들어야만 하는 상황이었다.

"형, 이건 아니야."

일정은 예상보다 더 빠듯했다. 형은 쉬지 않고 디자인 스케치를 해서 내게 보여주었다. 하지만 '이거다!'라고 외칠 만한 게 없었다. 아니라고 할 때마다 형의 얼굴에서 초조한 기색이 드러났다.

"이것도 아니야."

"이게 그나마 낫긴 한데, 뭔가 2% 부족해."

형은 결국 폭발했다.

"그런 말은 나도 하겠다! 구체적인 이유를 대봐."

구체적인 이유를 대보라고 하면 내가 당황할 줄 알았나 보다. 나는 스케치북을 넘겨가며 일일이 문제점을 지적했다.

"이건 디자인이 너무 과해."

"이건 아무도 안 살 거야."

"이건 대중성이 떨어져."

"이건 별로야. 안 예뻐."

형은 결국 내 손에 있던 스케치북을 낚아채 바닥에 던져버렸다. 그리고는 공장을 박차고 나가버렸다.

형이 힘들다는 건 누구보다 내가 제일 잘 알았다. 그렇기 때문에 이 힘든 시간이 아깝지 않을 정도로 멋진 가구가 나왔으면 하는 바람이었다. 형이 만든 멋진 가구를 세상 사람들에게 자랑스럽게 선보이고 싶었다. 그래서 더더욱 허투루 이야기할 수 없었다.

공장 밖으로 나가보니 형은 덕후(개) 앞에 쪼그리고 앉아 있었다. 그 모습이 보기 싫어서, 나는 얼른 형을 불렀다.

"형! 추운데 거기서 뭐해. 얼른 들어와."

그러자 형은 몸을 일으켜 공장으로 돌아왔다. 한동안 둘 다 말이 없었다. 먼저 입을 연 사람은 형이었다.

"저기, 욕해서 미안해."

"뭐가 미안해? 속상해서 그런 건데."

그 이후로 형은 한 달간 밤을 새가며 가구를 만들었다. 계속된 퇴짜에도 포기하지 않았고, 기성 가구와 시장을 꼼꼼하게 분석해 사람들이 어떤 가구를 좋아하는 지, 왜 좋아하는 지 이유를 찾았다. 그러자 디자인이 눈에 띄게 달라졌다.

"이건 좀 팔리겠다."

"이건 실용적이겠네."

"이건 센세이션 하겠다."

내 평가도 자연스레 달라졌다. 빡빡한 일정에 치여 녹초가 된 형을 보며 안쓰럽기도 했다. 그러나 그 시간이 있었기에, 지금도 많은 사람들에게 사랑받는 아이니드 특유의 스타일과 공법이 나올 수 있었다. 내게는 그 시간이 가장 힘든 시간이었지만 가장 의미 있는 시간이기도 했다. 그것은 형도 마찬가지일 거라는 생각이 든다.

우여곡절 끝에 리빙페어 전날이 되었다. 우리는 출품할 가구를 싣고 코엑스로 향했다. 코엑스 박람회장은 입구부터 차들로 꽉 막혀 있었다. 수십 대의 화물 차량이 비상등을 켠 채 순서를 기다리고 있었다. 어떤 사람은 기다리는 게 답답했던지 도로 한복판에서 가구를 내려 옮기고 있었다. 그걸 보니 마냥 기다리기는 게 바보 같아졌다. 나도 차에서 내려 기사님과 함께 가구를 옮기기 시작했다. 한샘, 리바트, 까사미아……쟁쟁한 가구 회사들이 줄을 서 있었지만 기죽지 않았다. 어차피 우리는 될 놈들이니까!

가구를 부스로 옮기고 나서 나는 카메라로 배치가 알맞게 되었는지 확인 작업에 들어갔다. 사람들의 동선을 예상하며 가구를 다시 옮겨 보기도 했고, 형은 형대로 화분을 들고 돌아다니며 어떤 가구에 가장 잘 어울릴지 배치해보고 있었다. 재정비 하고 나서는 다른 회사 부스들을 돌아다니며 우리 부스와 어떤지 비교해 보았다.

둘러보니 우리 부스가 다른 부스들보다 상대적으로 어두웠다. 조명 때문인지 우리 가구의 밝은 색감이 충분히 살지 못하는 것 같았다. 형은 집기를 설치하느라 정신이 없는지 별다른 말을 하지 않았다. 바닥 공사도 남아 있었고 설상가상으로 추가로 설치할 조명등도 없었다. 형은 그냥 있는 걸로 만족하자고 했지만 영 마음에 들지 않았다.

결국 나는 근처 전파상으로 뛰어가 전기선과 등기구를 구해왔다. 우여곡절 끝에 설치를 했으나 조명 색을 본 형의 표정이 만족스러워 보이지 않았다.

"더 필요한 거 있으면 말해. 좀 있으면 전파상 문 닫을 거야."

"조명이 너무 쨍한 것 같아. 아이니드 분위기랑 좀 안 어울리는 것 같은데……. 좀 더 따뜻한 색이면 좋을 것 같지 않아?"

형의 말에 나는 다시 전파상으로 달려가 전구를 바꿔 왔다. 다행히 바꾼 전구는 만족스러웠고 그제야 우리 부스에도 밝고 따뜻한 분위기가 감돌았다. 한결 마음이 놓였다.

"형, 우리 내일은 가구 몇 개나 팔 수 있을까?"

모든 정리가 끝나고, 나는 형에게 넌지시 말을 걸었다.

"못해도 50개는 팔겠지."

50개라니, 말도 안 되는 소리였다.

"형, 우리 내일 딱 5개만 팔자. 어떻게 해서든지. 그래야 그 다음 날 더 좋은 결과가 나올 테니까."

"그래. 나 3개, 너 2개 팔지 뭐."

"형, 드디어 실전이야. 이제 돌아갈 길은 없어. 무조건 성공하는 길뿐이지."

"그러게. 이제 도망칠 데도 없다."

우리는 그렇게 벼랑 끝에 서 있었다.

상황은 아슬아슬하게 돌아갔다. 개장 30분 전에 도착한 우리는 전날 천으로 가려두었던 가구들을 정리하기 시작했다. 카탈로그는 개장 10분 전에 도착했다. 바쁜 사정은 주변 부스들도 마찬가지였다.

개장하자마자 밖에서 기다리고 있던 수많은 사람들이 한꺼번에 전시장 안으로 쏟아져 들어왔다. 관계자들은 부스 사이를 분주하게 돌아다니며 안전을 위해 힘쓰고 있었다.

"안녕하세요, 아이니드입니다! 청년 목수들이 직접 만든 원목 가구입니다! 들어와서 한 번 구경해 보세요!"

나는 한 손으로는 카탈로그를 접고 다른 한 손으로는 카탈로그를 나눠주며 홍보에 들어갔다. 목이 터져라 외치자 사람들이 슬금슬금 우리 부스 쪽으로 모여들었다.

"우와, 예쁘다. 이게 진짜 원목이에요?"

"네! 소나무로 만든 식탁이랑 화장대입니다. 제가 직접 만들었어요! 한번 앉아보세요."

사람들은 형이 목수라는 점을 신기하게 여겼고, 부스 안에 전시된 가구들이 공장에서 찍어낸 게 아니라 눈앞에 있는 사람이 만들었다는 사실에 놀라워했다. 직접 만들었다고 하니 가구를 더 유심히 보는 사람도 있었고, 직접 만든 거라 다른 가구들보다 가격이 저렴하다고 해도 정말 직접 만든 게 맞느냐고 몇 번을 되묻는 사람도 있었다.

얼마 있지 않아 카드기에서 첫 판매를 알리는 여자 목소리가 나왔다. 이건 100%였다! 스타트를 끊고 나니 이건 대박이라는 생각이 들었다. 형은 몰려드는 사람들에게 열심히 설명하면서도 한편으로는 이 상황이 믿기지 않아 얼떨떨해보였다. 주문은 폭주했고, 우리는 좁은 부스 안을 정신없이 뛰어다니면서 첫 날을 마무리했다.

고작 첫 날이었다. 우리는 첫 날 300만 원이 넘는 가구를 주문받았다. 어찌나 많은지 주문서가 한 손에 다 잡히지 않을 정도였다. 둘째 날도 정신없는 하루였다. 카탈로그 3000장은 둘째 날 모두 소진되었고, 마지막 날을 위해 1000장을 더 주문하는 일까지 벌어졌다.

리빙페어 이후, 우리는 시장에서 '젊은 목수들이 만드는 내추럴 가구'라는 확고한 이미지를 얻게 되었다. 의도했던 대로 부스를 방문한 고객들이 블로그에 많은 후기를 작성해 주었고 취재도 여러 번 받았다. 알아봐주는 사람들이 많아졌고, 너무나도 감사하게 이곳저곳에서 많은 연락을 받게 되었다.

온라인에서 오프라인으로

리빙페어는 대성공이었다. 아이니드를 알아봐주는 사람들이 많아졌고, 이곳저곳에서 많은 연락을 받았다. 그 중에서도 특히 우리 가구를 팔고 싶다는 제안이 많았다. 이대로라면 다음 단계는 유통을 늘리는 일이었다. 하지만 우리는 대부분의 제안을 거절할 수밖에 없었다. 이유는 명확했다. 요청이 들어온 모든 매장에서 우리 가구를 팔 경우, 우리가 갖고 있는 브랜드 정체성이 흔들릴 것 같다는 생각이 들어서였다. 지금 유통을 급격하게 늘려버리면 아이니드가 가지고 있는 가장 큰 장점 중의 하나인 '수작업'이 불가능해질지도 몰랐다. 당장은 매출이 늘어도 장기적으로 봤을 때에는 바람직하지 않다고 생각했다. 좋은 기회였지만 우리는 최대한 예의바르게 거절 의사를 밝혔다.

대신에 우리는 '백화점 한 곳에 입점하기'라는 목표를 세웠다. 백화점 한 곳에 입점할 수 있다면 브랜드 정체성을 지키는 것도 가능하면서 동시에 고객들의 믿음과 인식을 한 단계 끌어 올릴 수 있었다. 유명 백화점에서 판매하는 가구라면 왠지 모르게 믿음이 가지 않는가? 평균값 만들기 두 번째 단계, 신뢰도 만들기였다.

문제는 그 어떤 백화점도 우리를 환영하지 않는다는 것이었다. 아이니드는 이제 막 첫 걸음마를 시작한, 결과물이라고는 리빙페어 때 좋은 반응을 얻은 게 전부인 가구 브랜드였다. 어떤 백화점이 젊은 목수들이 운영하는 가구회사를 입점 시켜 줄 수 있을까. 도움이 될 만한 사람들을 수소문 하던 차에 문득 리빙페어 때 만난 용산 아이파크 몰 점장님이 떠올랐다. 어딘가에 리빙페어 때 받았던 명함이 있을 터였다. 나는 서둘러 그분의 명함을 찾기 시작했다.

늘 그렇지만 나는 생각을 하면 일단 바로 실행해야 한다. 명함에 적힌 연락처로 전화를 걸어 무작정 미팅 일정을 잡았다. 지금까지 '무한도전'의 연속이었지만 이때만큼 긴장해본 적이 없었다. 그만큼 일생일대의 순간이라는 것을 직감적으로 느낀 것 같다. 나는 아이니드 기획안에 카탈로그까지 꼼꼼하게 준비해서 담당자를 찾아갔다.

아이파크 몰 점장님은 서류와 미팅만으로는 입점을 판단하기 어려웠는지 파주 공장을 직접 방문하셨다. 우리는 그 후에야 아이파크 몰 행사 입점 업체로 선정돼 한 달 임시 계약을 조건으로 아이파크 몰에 입점하게 되었다. 한 달 동안 판매 실적이 저조하면 바로 나가야 한다는 조건이었지만 그래도 뛸 듯이 기뻤다. 파주 공방에서 우리가 만든 가구를 서울 대형 백화점에서 팔 수 있게 됐다는 현실이 좀처럼 믿기지 않았다. 우리는 부푼 마음을 안고 아이파크 몰에 아이니드 매장을 열었다.

입점 후, 처음부터 대박을 바란 건 아니었지만 솔직히 어느 정도는 될 줄 알았다. 그러나 결과는 참담했다. 입점하고 2개월 동안, 우리는 같은 층에 있는 가구 매장 전체에서 꼴찌를 했다. 주변에서는 그런 우리를 보고 수군거렸다.

"그럴 줄 알았다. 어디서 만들다 만 것 같은 가구를 가져와선 말이지."

"저게 뭐야. 덜 칠한 거야, 뭐야?"

"가구야, 성냥개비야?"

힘든 시간이었다. 정말 부푼 꿈을 안고 입점한 매장이었는데 판매는 우리의 기대를 따라오지 못했다. 한 달 임시 계약이었으나 아이파크 몰 측에서 우리의 사정을 봐 준 덕에 몇 개월의 시간을 번 일은 그나마 불행 중 다행이었다.

주변에서 수군거리는 말이 여간 신경 쓰이는 게 아니었는데, 그 중에서도 '성냥개비 같다'는 말은 가장 듣기 싫은 말 중 하나였다. 그때만 해도 짙은 색상의 고가구가 대세였고, 밝은 원목가구를 취급하는 곳은 가구 전체 매장 중에서 아이니드가 유일했다. 원목 가구를 취급하는 회사가 하나 더 있긴 했지만 우리만큼 밝은 색상은 아니었다.

"형, 우리가 정말로 맞게 가고 있는 걸까? 우리도 더 짙은 색으로 가야 하는 거 아냐?"

나는 형만 보면 물었다. 묻고 또 물었다. 그만큼 내게는 확신이 없었다.

"믿어봐. 이것만큼은 양보할 수 없다고. 분명 반응이 올 거야. 리빙페어 때도 많은 분들이 좋아해 줬잖아."

형은 그 어느 때보다도 확고했지만 별다른 변화 없이 시간은 자꾸만 흘러갔다.

그러던 그 해 6월, 꼴찌를 전전하던 우리에게 생각지도 못한 일이 일어났다. 새로 시작한 SBS 드라마 〈신사의 품격〉에 돌연 가구 협찬을 하게 된 것이다! 협찬 과정을 들어보니 헤이리 매장에

▲ 사진 8 |
김수로씨와 함께. 한복차림으로 한 손에 테이크아웃 커피 잔을 들고 매장을 둘러보고
있는 김수로씨의 모습을 보고 있으니 기분이 묘했다.

서 우리 가구를 구매하셨던 배우 김수로 씨가 미술감독님께 아이
니드를 추천했다고. 김수로씨는 〈점쟁이들〉이라는 영화를 찍기
위해 헤이리에 왔다가 아이니드 매장까지 방문해 주셨는데, 방송
으로 알려진 이미지와 비슷하게 실제로도 장난스럽고 쾌활한 분
이셨다. 의자는 내가 직접 가져 갈 테니 연예인 디스카운트 안 되
겠냐며 유쾌한 분위기를 만들어 주셨던 기억은 아직도 생생하다.

덕분에 아이니드 이름은 〈신사의 품격〉을 통해 널리 알려졌고,

매장도 두 달이 지나면서 점차 자리를 잡기 시작했다. 그리고 마침내 기적이 일어났다. 입점 3개월 만에 아이니드가 가구 매장 전체에서 매출 1위를 한 것이다! 아무도 예상하지 못한 일이었다. 소식을 접한 아이파크 몰 지점장님은 직접 우리 매장까지 찾아와 휘둥그레진 눈으로 전후 사정을 꼬치꼬치 캐물으셨다. 마침 북유럽 열풍이 불게 되어 스칸디나비아 스타일의 소품이 인기를 얻기 시작했고, 덩달아 밝은 가구를 찾는 사람이 늘어난 것도 있었다. 그런 가구는 국내에 그리 많지 않았기 때문에 아이니드는 더더욱 주목을 받게 되었다. 매출 1위를 달성하고 나니 주변의 비웃음은 언제 그랬냐는 듯 싹 사라졌고, 아이파크 몰과는 당당하게 정식 입점 계약을 체결하게 되었다.

홈페이지 방문자수 4000명의 비밀

우리에게는 더 이상 거칠 것이 없었다. 찾는 이도 많아졌고 주문량도 부쩍 늘었다. 이 탄력 그대로 이어받아 다음 계획을 세워야 했다. 아이니드 평균값 만들기, 세 번째 프로젝트였다.

세 번째 프로젝트는 두 가지 목표를 두고 계획했는데, 하나는 파주 공장과 용산 아이파크 매장과 가까우면서도 유동인구가 많은 곳에 매장 하나를 더 오픈하는 것이었고, 다른 하나는 미디어에 우리 브랜드를 알리는 것이었다. 이미 방송 협찬 효과를 톡톡히 보았기에 나는 망설일 것 없이 바로 실행에 들어갔다.

파주와 용산 사이에 있어 형과 내가 이동하기에 편리하고 유동인구가 많은 곳, 그곳은 '홍대'였다. 거리 곳곳에서 젊음이 느껴졌고 청년 목수의 열정과도 잘 어울리는 곳이었다. 우리는 허름한 2층 사무실을 임대해 천장을 높이고 원목으로 창틀을 만들어 우리가 꿈꿔 온 따뜻하면서도 아기자기한 사무실을 만들었다. 한쪽 구석에 쇼룸도 만들어 그곳을 스튜디오 삼아 신제품 사진을 찍었다. 그리고 제품들을 블로그와 홈페이지 등에서 홍보하기 시작했다.

그러던 어느 날, 아이니드 홈페이지에 들어갔는데 접속 수가 대폭 증가한 것을 보게 되었다. 하루 평균 500명 정도가 홈페이지를 방문했는데 그날은 3, 4000명이나 되었다. 어떤 매체에 특별히 소개된 것도 아니었다. 이런 엄청난 기회를 그냥 놓칠 수 없어 이리저리 알아보다가 커뮤니티 사이트까지 흘러들어갔다. 아니나 다를까, 근원지는 모 포털 사이트의 인터넷 카페였다. 주로 자기 집 인테리어를 소개하고 자랑하는 카페였는데 하나의 글에 댓글이 족히 천 개는 달려 있었다. 거기에 아이니드 가구가 있었고 사람들은 사진 속 가구가 어디 제품인지를 끊임없이 묻고 있었다. 그래서 작성자가 아이니드라는 회사의 가구라고 이야기하자, 답변을 기다리고 있던 사람들이 모두 아이니드 홈페이지로 흘러들어온 것이었다.

이거다 싶었다. 나는 조회 수 많고 댓글 수가 많은 글들을 전부

읽어보며 본격적인 조사에 들어갔다. 사람들에게 평가가 좋은 제품은 어떤 회사 제품인지도 꼼꼼하게 알아보았고 이유도 빼놓지 않았다.

어떻게 해야 이런 사람들이 우리 가구에 대한 후기를 남길까 궁리하면서 찬찬히 보는데, 가끔가다 부자연스러운 글들이 눈에 띄었다. 대개가 속보이는 칭찬으로 가득한 글들이었다. 나중에야 이런 글들이 업체에서 카페나 유명 블로거들에게 의뢰해서 올린 글이라는 사실을 알게 되었다. 짧게 파본 내 눈에도 보이는 것들이 이런 사이트에 상주하는 사람 눈에는 오죽할까 싶었다. 아무리 봐도 의뢰해서 올리는 건 사람들의 의심만 살 뿐, 소용이 없었다.

그래서 소득 없는 의뢰보다는 아이니드의 기존 고객들을 활용해야겠다는 생각이 들었다. 나는 직원 두 명에게 모니터링을 시켜서 아이니드를 애용하고 후기를 잘 남겨준 아이니드 덕후(?)들을 조사하게 했다. 그리고 그들에게 1+1에 가까운 서비스를 제공했다. 침대를 사면 작은 탁자 하나를 주는 식으로, 고객이 구매한 가구에 맞는 제품을 하나씩 다 돌렸다. 아일랜드 식탁과 같은 제법 큰 가구를 보내기도 했다. 아깝다는 생각은 전혀 들지 않았다. 제품을 구매해준 고객에게 드리는 거였으니 기쁜 마음으로 드렸다. 그랬더니 반응이 좋았다. 홈페이지와 블로그에 자세한 후기가 차례차례 올라오기 시작했고 사람들의 이목이 자연스럽게 쏠렸다. 그러다보니 제작해야 할 가구 목록과 서비스로 보낼 가구 목록이 어느덧 따로따로 생겼다. 늘 한 장이었던 목록이 두 장이 되니 형은 의아해하며 물었다.

"이건 뭐냐?"

"아, 이거? 서비스로 나가는 거."

"뭐가 이렇게 많아?!"

반응이 왔다. 온 정도가 아니라 상상 그 이상이었다. 입소문을 타자 제일 먼저 몇몇 여성 월간지에서 연락이 오기 시작했고, 급기야는 방송국에서 우리를 찾아왔다. 수많은 매체가 우리를 '젊은 목수'라는 타이틀로 세상에 알렸다.

어마어마한 주문이 몰렸다. 아이파크 몰 매장, 온라인 몰, 홍대 매장 매출이 폭발적으로 상승했다. 하루에 1000만 원 대의 매출을 올리기도 했다.

모두가 눈코 뜰 새 없이 바빠졌다. 외주 공장이 절실했지만 '젊은 목수들이 손으로 직접 만드는 가구'라는 우리의 정체성을 훼손시키게 될까봐 그렇게 하지도 못했다. 처음부터 끝까지 수작업으로 만든다는 사실은 우리가 사랑받는 가장 큰 이유 중 하나였기 때문에 잃어버려서는 안 됐다.

그렇게 바쁜 나날을 보내고 있던 중, 하루는 사무실 자리를 비운 사이 이브자리라는 회사에서 전화 한통이 왔다는 이야기를 듣게 되었다. 전화를 했더니 반가운 목소리가 들렸다. 아이파크 몰 지점장님이셨다. 이브자리로 자리를 옮기셨는데, 잠깐 얼굴이나 보자며 전화를 하신 것이었다. 반가운 마음에 지점장님을 찾았더니 지점장님은 뜻밖의 제안을 하셨다.

"삼성동 이브자리 건물 1층 매장에 아이니드 가구 매장을 열어보는 건 어때?"

입맛이 돋았으나 고민이 되었다. 가구는 날개 돋친 듯 팔려나가고 있었지만 단기간에 급성장한 터라 정리가 필요한 시점이었다. 선뜻 결정을 내리기 어려운 상황이라 대답을 미루고 있자 지점장님은 더욱 거절하기 힘든 제안을 하셨다.

"이브자리 건물 1층 전체를 아이니드 매장으로 꾸며보라고. 지금 1층에 작은 카페가 있는데 그것도 함께 젊은 감각으로 운영해보고. 보증금도 필요 없으니까 멋지게 한 번 운영해봐."

이렇게까지 이야기하시는데 거절할 구실이 없었다. 이런 천금 같은 기회를 상황이 잠깐 어지럽다고 해서 발로 차버릴 수는 없었다. 나와 형은 기쁜 마음으로 지점장님의 제안을 수락했고, 우리는 홍대와 아이파크 몰 매장에 이어 새로운 매장을 갖게 되었다.

평균값을 올리기 위한 나의 프로젝트는 여전히 진행 중이다. 이제는 어느 정도 궤도에 올려놓아서 그런지 내버려 두어도 스스로 잘 굴러간다. '어? 저거 어느 회사 제품이에요?'라고 물어보던 사람들이 이제는 '아, 저 화장대는 아이니드거네요'라고 말하게 되었으니까. 지금도 여러 방송매체에서 한 달에도 수차례씩, 우리를 찾아오고 있다. 맨땅에 헤딩하며 올려놓은 평균값들은 자양분 역할을 하며 오늘의 아이니드를 든든하게 지탱해주고 있었다.

▲ 사진 9 |
고객들이 아이니드 홈페이지에 올린 제품 구매 후기 사진들.

4장. 가진 것이 없다고
　　　시작조차 하지 못하는 사람들에게

뜻이 있는 곳에는 언제나 길이 있다

경기가 어려운 와중에도 창업 열풍은 사라지지 않고 있다. 취업 전인 사람은 취업을 해도 암울한 미래는 똑같다는 것을 주변에서 봤을 테니 잘 알고 있을 것이고, 직장에 다니고 있는 사람은 안정적이지 않은 직장도 직장이지만, 그곳에 내 청춘을 바치는 것이 너무나도 아깝다는 생각으로 자신을 끊임없이 괴롭히고 있을 것이다. 그런 생각이 들 때마다 틈틈이 생각해 놓은 아이템도 있다. 조금 더 구체화시키면 객관적으로 봐도 썩 나쁘지 않을 것 같다. 이런 생각들을 반복적으로 하고 있다면 창업의 유혹은 쉽게 사라지지 않는다. 일을 벌여도 젊을 때 한바탕 벌여야 하는데 내 청춘은 속절없이 흘러만 가고 있으니, 점점 초조해진다. 직장

내에서 부조리한 상황에 처할 때마다 창업의 유혹은 슬그머니 고개를 내밀어 우리를 유혹한다.

하지만 창업의 유혹과 대등한 힘으로 우리 마음을 옥죄는 것이 있다. 창업이나 한 번 해볼까란 말을 주변 사람에게 던져보라. 백이면 백, 다 이렇게 대답할 것이다.

"돈은 있고?"

그놈의 돈! 어디를 가나 돈이 문제지만 특히나 창업은 돈에 더욱 민감하다. 시작도 문제지만 자칫하면 내 생활까지 침범당할 수 있기 때문에 만전을 기할 수밖에 없다. 그래서 많은 사람들은 창업을 시도하지 못하고 푸념하는 것으로 그치고 만다.

정말로 창업이 하고 싶은가? 단순히 부조리한 현실에서 도피하기 위한 목적이 아니라고 자신 있게 말할 수 있는가? 도피가 아닌데 그놈의 돈 때문에 좌절하고 있는 사람들이 있다면, 이번 이야기는 그들을 위한 이야기가 될 것 같다.

돈이 없어서 시작하지 못한다고? 나는 그들에게 단도직입적으로 이야기해 주고 싶다.

'생각하기 나름이다.'

그렇다. 모든 일은 모름지기 생각하기 나름이다. 시작부터 자금을 넉넉하게 가지고 있는 사람이 얼마나 될까. 금 수저를 물고 태어나지 않은 이상, 모두가 다 힘들고 어렵게 시작한다. 중요한 건 자금이 아니라 힘든 것을 감수하면서도 이 일을 하고야 말겠다는 마음가짐이다.

새로운 일에는 모험이 내포되어 있다. 가진 것 없이 창업을 시작하는 우리에게 있어 가진 것이 없다는 상황은 모험과도 같다. 그런데 그 모험이 두렵다면 우리는 배를 타고 밖으로 나갈 수 없다. 바다 너머에 있는 신대륙을 발견할 수 없다. 그런 사람은 바다로 나가지 말고 자신이 살고 있는 그곳에서 만족하며 살아야 한다.

나는 아이디어 하나와 기술보증기금에서 받은 정책 자금 2천만 원을 가지고 사업을 시작했다. 2천만 원. 시작하기에는 턱없이 부족한 돈일지도 모르겠지만 내게 있어서는 생명과도 같은 돈이었다.

'가장 강한 종이 살아남는 것이 아니라
살아남은 종이 가장 강한 것이다.'

어디서 스쳐가며 들었던 이야기지만 내가 좋아하는 말이다. 사업도 마찬가지다. 살아남아야 한다. 그런데 그 생존의 길이라는 게 만만치 않다. 나는 살아남는 법을 경험으로 터득했다. 살아남기 위해 치열하게 몸부림쳤다.

친구들과 동업을 하던 시절에도 마찬가지였다. 공모전 준비를 하던 도중 창업 자금을 갚을 날짜가 다 되어 회사가 생사의 기로에 놓이게 되자, 우리는 옷을 들고 거리로 나가서 직접 팔아 자금을 마련했다.

하지만 아이니드에서는 열심히 일해도 순수 가구 매출만으로는 매장과 공장 월세, 자재비와 인건비를 비롯한 부대비용을 감당할 수 없었다. 공장 운영비는 제쳐두고서라도 매장 월세와 인건비 정도는 해결할 수 있는 무언가가 필요했다.

그러던 어느 날이었다. 매장을 방문한 고객들과 이야기를 하는데, 평균값을 올리기 위해 고분 분투했던 지난날의 성과 덕분인지 그분들은 아이니드에 대해 꽤 많은 것들을 알고 있었다. 아이니드가 청년목수 형제가 직접 만드는 원목가구라는 것도 알고 있었고 베스트셀러가 화장대인 것도 알고 있었다. 그분들은 형이 작업하는 모습도 궁금해 하며 더 많은 이야기를 나누고 싶어 했다. 하지만 마땅히 앉아서 이야기를 나눌 만한 장소가 없었다. 가구 매장이니 물론 앉을 곳이야 많았지만, 판매를 위해 전시해놓은 것들이라 편하게 앉아서 이야기를 나누기에는 적절하지 않았다. 앉을 만한 자리를 찾다보니 화기애애한 분위기는 어느새 어색하게 굳어져 있었다. 그 순간이었다.

'카페다! 카페를 해야겠다!'

이 어색한 순간을 비집고 튀어나온 단어는 다름 아닌 카페였다. 고객들이 우리와 편하게 이야기할 수 있는 공간, 아이니드의 가구를 천천히 둘러보면서 동행한 사람과 편하게 이야기를 나눌 수 있는 공간. 카페는 그 모든 욕구를 충족시켜줄 수 있는 최적의 공간이었다. 매장 월세와 인건비도 해결할 수 있었다. 그 뿐만이 아니었다. 단순히 커피를 마시러 온 사람도 매장 안에 전시된 가구를 보고 흥미를 가지도록 만들 수 있었고, 더욱이 그들과 친해지면 그들 역시 아이니드 가구의 잠재적인 구매자가 되는 거였다. 아이니드를 시작하기 전에 나는 카페 운영도 했었으니, 이보다 더 좋은 방법이 없었다.

카페 운영을 직접 해보면서 터득하게 된 것이 있는데, 카페에는 수익을 내는 구조가 따로 있다는 것이다. 15평에서 20평정도 되는 매장에서 사장과 아르바이트생 한 명이 교대로 근무하는 방식이 바로 그것이다. 물론 매장을 더 키울 수는 있지만 매장을 키운다고 해서 딱히 수익이 더 늘어나는 것도 아니고, 커피 하나로 돈을 많이 벌겠다는 심산이 아니었기 때문에 매장 월세와 인건비를 충당할 정도면 충분했다. 나는 매장에 있던 아이니드 가구를 새롭게 배치해 고객들이 가구를 직접 사용하고 볼 수 있는 구조로 카페를 만들었다.

사실, 이렇게 가구 매장과 카페를 함께 운영하는 사람은 나뿐만이 아니다. 이미 많은 사람들이 가구 카페를 하고 있고, 그중에는 체인점도 있다. 하지만 대부분의 가구 카페들이 이익을 내지 못한다. 안 될 수밖에 없는 이유가 있다. 두 마리 토끼를 다 잡으려고 하니 그렇다. 예를 들어 어떤 가구 매장이 있었는데, 장사가 잘 돼서 분점을 냈다고 치자. 본점에서 카페를 같이 해보니 운영 수익도 나쁘지 않았고 분위기도 부드럽게 바뀌어서 분점도 가구 매장 안에 카페를 운영하는 방식으로 하려 한다. 그럼 이 분점에는 직원이 몇 명이나 필요할까? 먼저는 점장이 필요한데, 이 점장을 두는 것부터가 만만치 않다. 적어도 점장이 이 분점을 운영하려면 가구에 대한 지식과 커피에 대한 지식을 다 갖추고 있어야 한다. 그러나 그런 지식을 다 갖고 있어도 커피를 만들다 말고 앞치마 두른 채 가구를 보러 온 고객을 상대할 수는 없는 노릇이다. 그러니 어느 한쪽이 커피를 만들면 다른 한쪽은 전문적인 상담을 해야 하는데, 그 이야기는 즉 점장 외에도 직원이 한 명 더 필요하다는 이야기다. 이렇게 되면 인건비는 고사하고 적자만 안 내면 다행인 상황이 벌어진다. 카페를 운영하는 분점을 내면서 인건비를 최소한으로 줄이려면 결국 사장이 매장에 붙어 있어야 한다.

아이니드는 나와 형이 있었기에 분점을 내고서도 운영이 가능했다. 공장이 있는 본점은 형이 맡아서 운영을 했고, 그 외의 분점은 내가 양쪽을 오가며 직접 관리했다. 아이니드 안에서 운영하는 카페는 이제 자리를 잡아 매장 월세하고 인건비 정도의 수익을 내고 있다. 본래 목적을 달성하게 되어 기뻤지만 그것보다는 생각지도 못한 수익을 얻게 된 것이 더 기뻤다. 그것은 다름 아닌 고객과의 소통이었다.

지금은 공장을 파주에서 성수동으로 옮겼지만, 파주에 있을 때에도 가구 매장과 카페를 겸해서 운영했다. 하지만 파주에 있을 때에는 거리가 멀어 오는 사람이 적었다. 형은 SNS에서도 제법 인기가 있었는데, 형이 일하는 모습을 궁금해 하는 사람이 많았다. 하지만 공장이 파주에 있었다. 북한에 근접한 도시는 '어디 한번 구경해보러 갈까?'라는 가벼운 마음으로 집을 나설 수 없는 거리에 있었다. 어디 그뿐인가? 버스에서 내려서도 논밭을 가로질러 가야 했다. 가보고 싶어도 물리적인 거리가 머니 한계가 있었다. 공장을 성수동으로 옮긴 것도 그래서였다. 공장이 파주가 아니라 서울에 있으면 사람들이 좀 더 쉽게, 가벼운 마음으로 아이니드를 방문할 수 있을 거라고 생각했기 때문이었다.

공장 이사가 여의치 않은 상황이었지만, 우리는 성수동에 새로운 둥지를 틀었다. 성수동은 파주 때와 마찬가지로 형이 상주하면서 운영하고 있다. 공장도 개방해놓고 있어 공정 과정이 궁금한 사람은 얼마든지 들어와 견학할 수 있도록 해두었다. 예상했던 대로, 파주에 있었을 때와는 달리 많은 사람들이 성수동 아이니드를 찾아왔다. 사람들은 카페에 앉아 이야기를 하며 우리와도 자연스럽고 넉넉하게 말을 나누었고, 주말이면 이색 카페를 찾아온 커플들로 매장이 북적였다.

깡이 없으면 시작하지 마라

밖에서는 우리 형제를 잘나가는 젊은 사업가로 바라보았지만 그렇다고 해서 자금난이 없었던 것은 아니다. 자금난은 사업을 하는 누구에게나 찾아온다. 나 역시 그랬다. 세금을 내지 못해서 국세청에서 모든 통장을 압류하겠다며 통장 거래를 막은 적도 있었고, 1억이라는 큰돈을 빌리고 이자를 못 내서 독촉 전화에 시달린 적도 있었다.

판매가 잘 될 때도 마찬가지였다. 아이파크 몰 매장이 한창 잘 될 때, 한번은 돈이 억 단위로 크게 구멍이 난 적이 있었다. 물건이 먼저 나가고 돈이 한 달 반 있다가 들어오는 구조 때문에 생긴 거였다. 자재를 사야 가구를 만드는데 당장 자재를 살 돈이 없었다. 가진 것 없이 시작했다 보니 모아둔 돈도 없었다. 어디를 통해서라도 빌려야 했다! 하지만 그 어떤 은행도 빽도 없는 어린 우리에게 억 단위의 돈을 빌려주려고 하지 않았다.

좌절한 나는 우리를 후원해주고 계시는 모 회사 상무님께 전화를 걸어 자초지종을 말씀드렸다. 감사하게도 상무님께서 그 회사 회장님과 자리를 주선해주신 덕분에 나는 은행에서 무사히 대출을 받을 수 있게 되었다.

많은 사람들은 돈이라는 큰 산을 직면했을 때 고민부터 한다. 고민, 중요하다. 하지만 많은 사람들은 고민만 한다. 돈을 빌려야 하나 말아야 하나, 빌리면 또 누구한테 빌려야 하나. 나는 이렇게 고민할 시간에 차라리 돈을 빌려줄 만한 사람들을 찾아서 전화번호를 누르는 게 더 현명하다고 생각했다. 사업하다가 어려워서 그러는 건데 부끄러울 게 뭐가 있는가. 돈을 빌리는 행동이 창피하다고 생각하지 않았다. 간혹 그런 용기는 어디서 나냐고 묻는데, 그냥 하는 거다. 앞에서도 말했듯 고민해서는 답이 나오지 않는다. 움직여야 한다. 그러니 그럴 자신이 없는 사람들에게는 차라리 사업을 하지 말라고 권유하고 싶다. 매일같이 크고 작은 돈에 시달릴 텐데, 돈을 빌리고 마는 것 때문에 스트레스를 받는다면 애초에 시작하지 않는 게 정신 건강에 이롭기 때문이다. 나는 사채업자가 회사까지 쳐들어와도 흔들리지 않을 만한 깡이 있는 사람이 사업을 해야 한다고 생각한다. 깡이 없으면 버티지 못할 테니까.

회사 규모가 조금씩 커질 때마다 빚은 늘기도 하고 줄기도 했다. 그에 맞춰 독촉전화도 늘었다 줄기를 반복했다. 핸드폰 화면에 독촉전화를 알리는 번호가 뜨면 한숨부터 터지는 게 자연스러운 반응이다. 하지만 이때 태도가 정말 중요하다.

'전화 안 받으면 사업 못 한다.'

거래처 사장님께서 내게 해주신 말씀이다. 무슨 일이 있어도 맺고 끊음을 확실하게 하는 사람만이 사업할 자격이 있다는 말이다. 실제로 사업을 하며 주변 사업가들도 관찰해 보니 일이 잘 안 풀려도 전화를 꼬박꼬박 받고, 만나서 상황 설명을 자세하게 하는 사람들은 반드시 기회를 잡고 다시 일어섰지만, 그런 전화가 걸려오면 피하기 바빴던 사람들은 사업을 접게 되는 경우가 많았다. 피하는 것으로는 눈앞에 닥친 상황을 해결할 수 없다. 그래서 나는 어떤 전화라도 피하지 않고 받았다. 설명이 필요하면 전후 사정을 자세하게 설명했고, 사과를 해야 하면 잘못을 순순히 인정하고 정중하게 사과했다.

"죄송합니다. 한 달만 더 기다려주시면 안될까요? 정말로 죄송합니다."

"사장님, 진짜 죄송한데 제가 이번 달 자재비는 못 드릴 것 같아요. 다음 달에는 꼭, 꼭 드릴게요."

그렇게 잘못을 인정하고 사과하며 부탁을 드렸을 때 나를 기다려주지 않은 사람은 없었다. 그분들도 나와 같은 시절을 보낸 분들이라 알겠다는 말로 넘어가주셨다. 아이니드가 성공하는 게 업체들도 함께 사는 길이라며 우리 상황을 마치 자기 일처럼 걱정해주시는 분들도 계셨고, 패기가 보여서 도와준다는 분도 계셨다. 사업하다 어려워지면 대부분 일방적으로 연락을 끊어버리는 경우가 많은데, 그렇게 포기하지 않고 열심히 일하는 모습이 보기 좋아서 도와준다는 분들도 계셨다. 그런 분들이 곁에 계셨기에 마냥 힘들다는 생각은 하지 않았던 것 같다.

극한의 상황으로 내몰릴 때마다 주변 사람들에게 도움을 받으면서 다짐했다. 우리를 믿어주시는 이분들의 믿음을 위해서라도 하루하루를 열심히, 최선을 다해서 살자고.

매일 매일 리셋하라

나는 겁 없다는 말을 자주 듣는다. 실제로도 겁이 없는 편이긴 하다. 그러나 겁이 없다고 해서 스트레스마저도 없는 건 아니다. 그저 남들보다 조금 덜 받는 것뿐이다. 그러니 사업을 하는 사람이라면 스트레스를 풀 수 있는 공간과 방법을 하나쯤은 가지고 있어야 한다.

남자들의 스트레스 해소법이라 하면 술과 담배를 가장 먼저 꼽을 수 있지만, 나는 술 마시는 것도 좋아하지 않고 담배도 피우지 않는다. 심지어 사람 만나는 자리도 별로 좋아하지 않는다. 내게 있어 쉼은, 가족이 있는 집으로 돌아가 따뜻한 집 밥을 먹으면서 편안하게 이야기를 나누는 것이다.

혹자는 내게 '너무 마음 편한 거 아니에요? 당장 내일 갚아야 할 돈이 있는데 어떻게 그렇게 마음 편하게 밥을 먹고 쉴 수 있어요?'라고 묻는다. 사실 나도 처음부터 그렇게 된 것은 아니었다.

루페를 운영하던 시절에는 밤낮없이 죽어라 일만 하고, 세상의 모든 고민과 걱정은 내가 다 짊어지고 사는 것처럼 행동했다. 그 정도로 끝나면 그나마 다행이었을 텐데 나는 친구들이 적당히 일하다가 쉬는 모습도 보기 싫어했다. 그 시절, 내 낙은 그날 번 돈을 현금으로 세는 것이었다. 내가 돌아가야 할 곳과 왜 일하는 지에 대한 목적을 잃어버리고 무식하게 앞만 보고 달리던 때였다. 그래서 루페를 그렇게까지 키울 수 있던 거지만, 지금도 그렇게 일하라고 하면 못 한다. 그때 몸을 다 버려놨기 때문에 지금 내 몸은 덩치에 안 맞게(?) 세간에 유행하는 온갖 질병들이 쉬다 가는 곳이 되었다. 몸이 망가지고 나서야 나는 쉼의 필요성과 중요성을 깨닫게 되었다.

그러나 일도 해본 사람이 한다고, 휴식도 쉬어본 사람이 누릴 수 있는 것이었다. 쉬겠다고 마음을 먹어도 막상 쉬려고 하면 오만가지 생각이 머릿속을 둥둥 떠다녔다. '할 일이 태산인데 쉬어도 될까', '아직은 쉴 때가 아닌 것 같은데' 이런 생각들이 꼬리를 물기 시작해 생각은 어느덧 일로 빠졌고, 결국 몸은 쉬어도 머리는 계속 일을 하는 상태가 되어 안 쉬느니만 못한 꼴로 찝찝하게 일터에 나갔다. 쉬려면 일에 대한 내용을 아예 생각하지 말아야 했다. 그래서 나는 내 나름의 규칙을 만들었다.

첫 번째는 퇴근시간을 지키는 것이었다. 일이 많건 적건 간에 퇴근은 6시 30분에서 7시 사이에 했다. 끝내지 못한 일은 정말 급한 일이 아니면 내일로 넘겼다.

두 번째는 집에서 일하지 않는 것이었다. 일을 집으로 갖고 가기 시작하면 끝이 없었다. 일과 생활이 분리되어야 쉼을 누릴 수 있다. 루페시절, 낮밤을 구분하지 않고 일하게 된 것도 결국 일과 생활이 분리되지 않았기 때문이었다. 그래서 나는 집으로 일거리를 가지고 가지 않았고, 간혹 고객들에게 상담 전화가 걸려오면 전화는 받되 자세한 안내 사항은 내일 알려드리겠다고 말하며 전화를 끊었다. 그렇게 조금씩 일과 생활을 분리하기 시작했다. 그런 생활이 이어지니 이제는 의식하지 않아도 집으로 가면 편안한 마음으로 쉴 수 있게 되었다. 당장 해결해야 할 문제가 있어도 초조해하지 않았다. 머리를 굴리고 걱정한다고 해결될 일이 아니었다. 나는 비효율적인 노동을 멈추고 긍정적인 생각을 하기로 마음먹었다. 괜찮아, 내일이면 할 수 있어, 이자 내야 할 돈도 충분히 벌 수 있어, 다 잘 될 거야. 나는 이것을 '리셋'이라고 표현한다.

형은 한동안 그런 나를 보고 신기해했다. 형에게도 리셋이 없었다. 그래서 자금을 비롯한 갖가지 압박이 올 때마다 참 많이 힘들어했다. 그럴 때마다 나는 집에 내려가서 어머니가 해준 밥 먹고 오라고 쫓아 내보냈다. 신경을 곤두세우면 정작 해야 할 일을 놓치게 될 뿐만이 아니라 극한의 감정에 몸과 마음이 피폐해진다. 지금은 형도 그것을 이해하고 자신만의 쉼을 찾아냈다. 형은 그 쉼이 음악 감상이라고 우기는데, 내가 볼 때는 무한도전 시청이다. 하루 일과가 끝나면 형은 누워서 잠들 때까지 봤던 내용을 보고 또 본다. 나는 당최 이해가 되지 않았지만 형은 그렇게 스스로 스트레스를 풀며 잠시나마 자신을 둘러싼 고민과 이별하는 것 같았다.

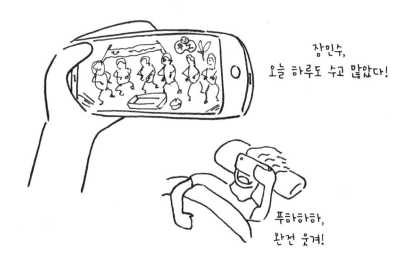

장민수,
오늘 하루도 수고 많았다!

푸하하하,
완전 웃겨!

망망대해에서 키를 계속 잡고 있는다고 해서 풍랑을 피하는 것도 아니고, 배가 더 빨리 나가는 것도 아니다. 멀리 바라보고 자신의 페이스를 조절할 수 있는 여유야말로 우리에게 멀리 갈 수 있는 힘을 불어 넣어주는 원천이다.

우리는 모두 리셋버튼을 가지고 있다. 다만 그것이 어디에 있는지 아직 발견하지 못했을 뿐이다.

5장. 사장이 된다는 것

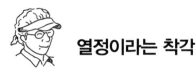

열정이라는 착각

사장이 된다는 것의 의미. 우리는 그것을 깨닫기에는 너무 어린 나이였고 경험도 부족했다. 함께 일하는 것, 그리고 누군가의 리더가 된다는 것은 생각보다 쉬운 일이 아니었다.

아이니드를 꾸려오면서 참 많은 실수를 했다. 회사가 휘청거릴 만큼의 실수도 있었고 큰 상처를 받은 일도 있었다. 나는 그때마다 경험 부족하고 갈 길이 먼, 초보 사장이었다.

주변의 많은 분들은 우리의 이런 경험들을 두고 수억을 주고도 사기 힘든 경험이라고 말씀하신다. 처음에는 그게 칭찬인지 욕인지, 칭찬보다는 비꼬는 것처럼 들렸다. 하지만 이제는 비로소 그게 어떤 뜻으로 말씀하신 것인지 알게 되었다. 그래서 이번 장에서는 우리의 그런 소중한 실패담을 이야기 해보려 한다.

어느 누구도 알아주지 않았던 파주의 작은 가구 회사는 성장기를 만난 아이처럼 빠르게 성장했다. 아이니드는 파주를 기점으로 용산, 홍대, 삼성동까지 진출했다. 가끔가다 대박 난 연예인들이 인터뷰에서 '자고 일어났더니 스타가 되어 있었어요'라고 말하는 것처럼 하루아침에 대박이 난 것은 아니었지만 내 느낌은 그랬다. 하루에도 수천만 원 대의 주문이 들어왔다. 손을 뻗으면 가구가 빼곡하게 적힌 주문서가 잡혔다. 나와 진수는 정신없이 일에 매달렸다. 즐거운 비명이라도 지르고 싶었지만 비명을 지를 시간조차 허락되지 않았다.

공장은 눈코 뜰 새 없이 바빠졌다. 물량은 이미 나 혼자 감당할 수 있을 만한 양을 넘어선 지 오래였다. 공장에서 정신없이 가구를 만들다가 고개를 들면 창문 틈사이로 아침 햇살이 스며들었다. 그 햇살을 멍하니 바라보다가 다시 작업대에 얼굴을 파묻고 일을 했다. 그런 날들이 계속해서 이어지고 있었다.

나 혼자서는 그 많은 주문량을 감당할 수 없었다. 그래서 나는 진수와 상의를 해서 사람을 뽑기로 결정했다. 채용 공고를 내자 많은 사람들이 몰려왔다. 대부분이 방송과 잡지 등에서 우리 이야기를 접한 사람들이었다. 그들은 우리 이상으로 열정적이어서

역으로 도전받는 느낌이 들 정도였다. 자극을 받은 우리는 그들을 거침없이 우리 배에 태웠다. 둘이서도 이만큼 해 왔으니 그들을 더하면 눈앞에 놓인 문제들은 쉽게 풀릴 것 같았다. 하나, 둘 모인 친구들은 어느새 열 명이 되어 있었다. 든든했다. 이제는 힘을 합쳐 달리기만 하면 된다고 생각했다. 그런데 생각지도 못한 일들이 벌어졌다.

"진수야, 지금 공장이 너무 바빠."
"당연하지. 주문이 그만큼 들어왔잖아."
"아니, 공장 직원들이 너무 힘들어한다고."
"일이 많으니 당연히 힘들지. 근데, 힘들다고 가구를 안 팔아?"
"시간을 좀 두고 주문을 받자. 응?"
"형, 몸이 힘든 건 알겠지만 진짜 힘든 건 일이 없어서 직원들 해고할 때야. 안 그래? 잘 다독여서 만들어봐."
진수는 내가 이런 이야기를 할 때마다 원래 물 들어올 때 노 젓는 거라고, 이제야 우리가 꿈꾸던 가구 회사를 만들 수 있는 절호의 찬스가 온 거라며 나를 다독였다. 그러나 내가 느낀 현실은 그렇게 단순하지 않았다. 야근을 하지 않는 날이 단 하루도 없었고, 목수들 사이에서는 불만이 끊임없이 쏟아져 나오고 있었다.
하루가 다르게 폭발적으로 늘어나는 물량을 맞출 수 있는 유일

한 방법은 생산할 인력을 늘리는 것뿐이라고 생각했지만, 늘어나는 인력에도 불구하고 하루에 만드는 가구 수는 전과 동일했다. 가구 공정이 어려운 것도 아니었다. 리빙페어 시절, 촉박한 시간과의 싸움을 이기고 태어난 공정이었다. 내가 혼자 일할 때도 화장대 10여 개는 너끈히 만들었다. 나는 숙련된 사람이니 그렇다 쳐도 함께 일하는 직원이 10명이 넘었다. 그러니 적어도, 산술적으로는 내가 만드는 것보다 10배는 더 만들어야 했다. 그렇게 해야 쏟아지는 물량을 감당할 수 있었다. 하지만 생산량은 내 기대치와는 달리 턱없이 부족했다. 이해가 되지 않았다. 여기에 내 첫 번째 착각이 있었다.

방송을 보고 제 2의 장민수를 꿈꾸는 열정적인 친구들이 몰려왔다. 경험이 미천하고 심지어는 목수 경력이 전혀 없는 친구들이라도 나는 열정 하나만 믿고 그들을 채용했다.

하지만 그들의 열정 크기가 세상의 그 누구보다 크다 하더라도, 막상 시킬 수 있는 일은 사포질뿐이었다. 그것이 목수가 되기 위한 시작이었으니까. 그런데 한 달이 지나자, 즐겁게 일하던 친구들의 얼굴에서 웃음기가 사라졌다.

'나는 사포질만 하려고 여기에 온 게 아닌데. 이게 정말 내 길이 맞는 거야?'

공장에서 집까지, 편도로만 2시간 이상 걸리는 거리를 다닐 수 있다고 자신 있게 말한 친구들도 있었다. 그러나 가장 먼저 지친 사람들은 다름 아닌 그들이었다.

그들은 가구를 만들고 싶었던 게 아니라 나와 진수처럼 빠른 시간에 젊은 사업가, 젊은 부자가 되고 싶었던 것일지도 모르겠다. 나는 그것을 그들의 열정이라고 믿었다. 그러나 그런 친구들일수록 채 두 달을 버티지 못했다.

그뿐만이 아니었다. 우리는 일이 끝난 후의 시간들을 간과했다. 고된 노동을 마치고 나면 돌아가야 할 곳, 나만의 공간이 필요했다. 그 중요함을 우리는 열정이라는 단어 때문에 잊고 있었다.

일과 삶이 분리되어 있어야 했다. 정말 좋아하는 일도 하다 보면 힘들어질 때가 있다. 가족들과 대화를 나누고, 여자 친구와 데이트도 하고, 친구들과 소주 한잔 걸치는 평범한 생활이 있어야 일을 무리 없이 해낼 수 있는 힘이 생긴다. 나도 가구 만드는 일을 정말 좋아하지만, 쉬지 않고 계속해서 만들지는 못한다. 에너지를 충전할 여건이 되어야 일을 하다 열정이 시들해졌을 때, 다시 마음을 다잡고 더 열정적으로 일할 수 있는 거였다. 그렇게 하지 못하면 슬럼프는 열정이 있던 자리를 차지하고 앉아 버린다.

경험상 일과 생활이 분리된 사람은 회사 일이 아무리 힘들다 하더라도 곧 자신의 자리로 돌아왔다. 우리 곁에 오랜 기간 머물다 간 동료들은 바로 그런 사람들이었다. 이런 당연한 진실을, 우리는 모르고 있었다.

헛된 믿음

매일같이 야근을 하는데도 불구하고 만들어야 할 가구 수량은 줄지 않았다. 아이니드는 극심한 성장 통을 겪고 있었다. 너무 빠르게 성장하는 바람에 몸이 감당하지 못했다. 직원 수도 계속해서 늘려보았지만 아무런 효과가 없었다. 공장은 엄청난 주문 속도를 맞출 만큼 안정적이지 못했다. 진수는 납품일자를 제대로 맞추지 못하는 목수팀과 나를 닦달했다. 밀려들어오는 주문이 내 목을 조르는 것 같았다.

급기야 몇몇 직원들이 일이 너무 힘들다며 사표를 던졌다. 고양이 손이라도 빌리고 싶은 상황에 결원이 생기니 더 바빠졌다. 재빨리 직원을 추가로 모집했다. 그랬더니 기존에 있던 직원이

다시 빠져나갔다. 원점이었다. 그렇게 허탈할 수가 없었다. 밑 빠진 독에 물 붓기나 다름없었다. 일할 친구를 어렵사리 구해 일을 가르치면 다 배우기도 전에 그만둬버렸다. 짧게는 며칠, 길게는 세 달이었다. 정을 붙이기도 전에 빠져나가버리니 함께 일하는 사람들에게 마음을 주며 일할 수도 없었다. 허탈한 마음을 붙잡고 일을 하니 모두가 예민했고, 웃음은 사라진 지 오래였다. 그만두는 친구들은 점점 많아졌다. 이래서는 안 되겠다는 생각이 들었다. 휘청거리는 아이니드가 눈에 보이는 것 같았다. 어떻게든, 이 상황을 해결해야만 했다. 도대체 무엇이 문제인 걸까.

'목수란 직업도 창의적인 직업인데, 여유가 너무 부족해서 그런 게 아닐까? 쉬어가면서 일을 해야 하는데 너무 바쁘기만 하니까……. 애들이 여유를 가지고 일할 수 있도록 공장을 손봐야겠어.'

나는 그들의 불만을 해결하기 위해 공장 안에 다양한 제도를 만들기 시작했다. 먼저는 출근해서 커피 마시는 시간부터 만들었다. 출근하자마자 일을 시작하는 게 아니라 커피 한 잔씩 하며 서로 이야기를 나누면 친숙해질 수 있고, 분위기도 화기애애해 질 거란 생각 때문에였다. 공장 안에 스피커를 설치해 음악도 틀었다. 흥이 나야 즐겁게 일할 수 있으니까. 할 수 있는 모든 것을 했다. 공장 마당에 농구대를 설치해 농구장을 만들었고, 탁구장과 흡연실, 일하다 짬짬이 쉴 수 있는 휴게실까지 만들었다. 화장실 청소도 도맡아서 했다. 날씨가 더운 날에는 낮잠 시간도 만들었고 날씨가 좋은 날에는 야외 캠핑장을 빌려 삼겹살 파티를 열었다. 즐겁게 일하면, 그런 환경을 만들어주면 불만은 사라지고 생산성은 자연스럽게 올라갈 것이라고 믿었다. 진수는 그런 나를 보며 잔소리를 했다.

"형, 직원들 편의를 봐주는 건 좋지만 그렇게 여유 부릴 때가 아니야. 알고 있어? 우리는 지금 그럴 때가 아니라고. 상황이 어떻게 돌아가고 있는지 형도 알면서 왜 자꾸 쓸데없는 일에 힘을 써?"

그러나 나는 진수의 잔소리를 들으려 하지 않았다. 목수의 생리를 몰라서 하는 말이라고 생각했기 때문이었다. 진수는 우리처럼 방만한 공장이 없다며 한탄했다. 야근 없이 업무 시간에 모든 일을 마치고 퇴근하도록 만들어야 하는데 그렇게 하지 못하는 것을 답답해했다. 더불어 진수는 직원들을 잔뜩 뽑아놓고 일은 여전히 내가 더 많이 하고 있는 것을 이해하지 못했다. 목수가 열 명이나 되었지만 가장 바쁜 사람은 나였다. 가구는 여전히 내가 다 만들고 있었다. 그러다보니 몇몇 목수들은 할 일이 없어 쉬는 일이 발생했다. 누구는 한가했고, 누구는 죽을 만큼 바쁘게 일했다. 일의 균형이 깨져버린 것이었다. 바쁘게 일하는 친구들은 한

가하게 노는 친구들을 보며 상대적인 박탈감을 느꼈다. 자연스럽게 일에 온전히 집중할 수 없는 분위기, 서로 눈치를 보는 분위기가 생겼다. 그러나 나는 마냥 눈치 보기에 바빠 그 순간을 방관하고 말았다.

나는 근본적인 문제의 원인을 찾아 해결하기 보다는 새로운 방법을 통해 문제를 해결하려고 했다. 직원들의 불만, 깨진 업무 분위기를 되살리기 위해 성과에 따른 급여차등 지급제도를 만든 것도 그중의 하나였다.

성과에 따라 월급이 오르니, 직원들은 열의를 보였다. 그러나 작은 차이로 월급이 내려가 있으면 직원들은 불만을 표시했고, 그럴 때마다 나는 단호하게 쳐내지 못하고 다음번에 열심히 하라는 말로 전과 동일한 급여를 지급했다.

그것이 화근이 되었다. 직원들은 어느덧 그만한 액수를 받는 것을 당연하게 생각했다.

'언젠가는 해주겠지. 아무렴.'

'아냐, 다음 달에는 열심히 해줄 거야.'

나는 이런 말들을 직원들에게 하는 것이 아니라, 스스로에게 하고 있었다. 결국 새롭게 도입한 제도는 무의미해졌고, 오히려 전체적인 급여액을 올리는 결과만을 가져오고 말았다.

그래도 나는 직원들을 믿고 있었다.

평생 잊을 수 없는 기억

안타깝게도 시간이 흐르면 흐를수록 직원들을 향한 기대와 희망은 빛을 바랬다. 빛바랜 희망 위에는 불안과 불만의 색이 덧대어졌다. 마음속에 쌓이고 쌓인 불안과 불만은 결국 화살이 되어 직원들에게 향했다.

'너희들은 왜 매일 불평불만만 쏟아놓는 거야? 즐겁게 일하라고 편의시설도 다 만들어 줬어. 궂은일은 내가 다 했고, 진수가 우리를 닦달할 때마다 내가 앞장서서 다 막아줬다고. 너희들과 즐겁게 일하기 위해 이렇게 열심히 노력했는데, 너희들은 왜 내 마음을 몰라주는 거야? 대체 왜?'

이해하려고 노력했던 직원들의 마음이 원망으로 바뀌자 직원들의 행동 하나하나가 곱게 보이지 않았다. 잔소리가 늘었고, 전에는 드물게 보였던 강압적인 태도가 몸에 완전히 굳고 말았다. 그러자 그동안 잘 따라와 준 몇몇 직원이 회사를 나가겠다고 이야기해왔다. 배신감이 컸다. 너무나 실망스러웠다. 마음에 쌓아두고 있었던 화가 한꺼번에 폭발했다.

"그래, 나갈 사람은 다 나가!"

정말로 나가서는 안 되는 직원들이었는데도 불구하고 나는 잡기는커녕 나가라고 소리를 질렀다. 분위기는 순식간에 냉랭해졌고, 나는 아랑곳하지 않고 내일 만들 가구를 재단하기 시작했다. 이렇게 화낼 시간에 가구나 하나 더 만들자는 생각을 하면서. 하지만 그것은 가만 내버려두면 내 마음을 잠식해버릴 것 같은 두려움으로부터 도망치기 위한 방법이었다.

상황의 심각성은 비탈길에서 굴린 눈 덩이와 같았다. 거대해졌고, 이 눈덩이가 언제 어디에서 우리를 덮칠지 알 수 없어 무섭고 불안했다. 진수와 나는 선택을 해야 했다.

"진수야, 더 이상은 안 돼. 판매량을 도저히 못 따라잡겠어. 이제는 정말 무리야."

"그래, 이제는 정말……어쩔 수 없다. 형, 매장을 줄이자. 아이파크 몰 매장을 철수하자."

막상 결정을 내리려니 마음이 무너졌다. 아이파크 몰에 들어가기 위해 진수와 얼마나 애를 썼던가. 인테리어부터 시작해 온갖 우여곡절을 겪었던 날들이 하나씩 떠올랐다. 어디서 덜 만들어진, 성냥개비 같은 가구를 가지고 왔냐고 비웃던 사람들을 보기 좋게 누르고 가구 매장 전체에서 매출 1위를 달성했던 그때의 기쁨과 뿌듯함이 아직도 마음속에 생생하게 남아 있는데……. 하지만 아이파크 몰 매장을 철수해야 주문량과 생산량을 맞출 수 있었다. 인정할 수 없었지만, 현실이었다.

우리는 그렇게 아이니드 최고 판매 수익을 올렸던 아이파크 몰 매장 철수를 결정했다. 그러나 이야기는 거기에서 끝나지 않았다.

"그리고 형, 직원들 다 내보내. 원점으로 돌아가야 해. 그래야 이 상황을 해결할 수 있어."

진수의 말에, 나는 깜짝 놀랐다. 원점으로 돌아간다고 해도 함께 해온 사람들을 정리하라니……. 공장에 남아있는 직원들은 그 힘든 상황들을 전부 버티고 남은 이들이었다. 쉽게 결정을 내릴 수 없었다. 지금과는 다른 방법을 찾아야 하는 건 맞지만, 그것이 목수 팀과의 이별이어야 한다는 생각은 한 번도 해본 적이 없었다. 하지만 진수의 생각은 완강했다. 나 역시 진수의 생각을 받아들일 수 없어서 강하게 저항했다. 그러나 그 외에는 답이 없음을 깨닫는 데는 오랜 시간이 걸리지 않았다. 원점으로 돌아가는 수

밖에 없었다. 진수와 나, 둘이서 모든 걸 했던 그 시기로. 그래야
아이니드가 살 수 있을 것 같았다.

일이 끝날 무렵, 나는 직원들을 불러 모았다.

"제가 운영을 잘 못해서 이런 상황까지 오게 되었습니다. 지금
처럼 도저히 끌고 갈 수 없게 되었습니다. 정말……죄송합니다."

침묵이 흘렀다. 사정을 설명하려던 찰나, 욕이 들렸다.

"이런 씨발, 내 그럴 줄 알았다. 이 개고생을 시켜놓고선 그냥
나가라고?!"

울컥 쏟아지려는 눈물을 애써 참았다. 얼굴이 화끈거렸다. 나는 고개만 푹 숙인 채, 침묵했다. 머릿속에서 함께 일했던 친구들의 얼굴이 하나씩 스쳐지나갔다. 그중에는 결혼한 지 얼마 안 된 신혼부부도 있었고, 스마트폰에 저장된 아이 사진을 자랑하는 친구도 있었다. 나는 결국, 눈물을 터트리고 말았다.

'나의 이 무책임한 행동 때문에 한 가장이 실업자가 되고, 한 가정이 어려워지는구나.'

미안함과 속상함이 마음을 물들이고 있었다. 내가 할 수 있는 일은 그저 고개를 숙이고 있는 것밖에 없었다.

내 평생 잊을 수 없는 그날은 그렇게 흘러갔다.

돌이켜보면 회사의 규모가 커지고 함께 일하는 사람들은 늘어났는데, 나는 여전히 현실 파악을 제대로 하지 못하는 작은 가구 공방의 사장이었다. 그렇게 거기까지 온 것이 오히려 기적이었다.

직원들이 나를 좋은 형, 멋진 사장님으로 봐주기를 원했다. 직원들에게 욕을 먹기 싫다는 마음 때문에 해야 할 말과 싫은 소리를 하지 못했다. 이 눈치 저 눈치 보느라 문제를 해결할 시기를 모두 놓쳐버렸고, 갈팡질팡한 나 때문에 나를 믿고 일한 친구들마저 길을 잃었다. 내 안일함을 악용한 친구들을 보고 나쁘다고 폄할 수 없었다. 좋은 리더이고 싶었으나 나는 그들에게 무능력한 리더였다. 책임지지 못할 공약들은 부메랑이 되어 돌아와 함께 일하던 이들을 내 손으로 떠나보내게 만들었다.

좋은 소리 한다고 좋은 사장이 아니었고, 듣기 싫은 소리 한다고 나쁜 사장이 아니었다. 내가 바라봐야 할 곳은 함께 일하는 직원 개개인이 아니었다. 생산이라는 공통의 목적 아래 어떻게 하면 나와 직원들이 효율적으로 생산을 하고 각자의 집으로 돌아가 이후의 시간을 누릴 수 있는지를 바라보며 고민해야 했다. 그렇게 함께 일하는 공간을 만들었어야 했다.

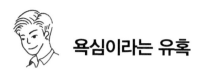

욕심이라는 유혹

인생일대의 찬스를 이렇게 허망하게 날려버릴 수는 없었다. 아이파크 몰 매장을 철수했으나 주문량은 여전히 높았다. 직원을 다시 뽑자니 전처럼 다루지 못할까봐 걱정이 들었다. 방법을 찾아야 했다.

공장 생각이 머릿속을 꽉 채우고 있던 바로 그때, 메일 한 통이 왔다. 부산의 한 외주 공장 사장님이셨는데 아이니드 가구에 관심이 많다며 혹시 외주 공장이 필요하다면 한번 만나자는 메일이었다.

'운명이다! 신이 우릴 또 이렇게 돕는구나!'

나는 일말의 망설임도 없이 부산으로 내려가 사장님을 만났다.

그리고 공장을 방문했다. 부산에서도 꽤 큰 가구공장이었다. 어렵사리 직원들을 내보내고 또다시 주문량에 허덕이고 있으니 형도 크게 반대하지 않을 거라는 생각이 들었다. 그런데 사장님의 또 다른 제안이 나와 형의 의견을 또다시 갈리게 만들었다.

"저희가 부산에 매장을 하나 갖고 있는데, 매장 위치가 정말 좋거든요. 그런데 저희 공장에서 만드는 제품만으로 매장을 운영하려니 영 쉽지가 않네요. 서울에서도 가구 잘 팔고 있는 두 분이 한번 맡아서 해 보면 어때요? 아이니드 부산점으로요."

아이파크 몰 매장 철수까지 한 상황이었다. 도저히 받아들일 수 없는 제안이었다. 그러나 단호하게 쳐내기에는 너무나도 매력적인 제안이었다.

'용산 매장을 철수하면서 빠져버린 매출을 어디서 채우긴 해야 하는데……. 우리 가구 판매의 20%가 지방에서 발생하니까, 부산 매장이라면 빠진 매출을 메울 수 있지 않을까? 게다가 외주공장도 그쪽에 있으니 거기서 만들어서 팔면 그동안 우리가 내야 했던 지방 배송비도 절약할 수 있고, 전처럼 주문량을 소화하지 못해 헐떡이지도 않을 테고…….'

더 이상 고민할 것도 없었다. 나는 형에게 달려갔다.

"형! 그때 부산 외주공장 사장님 알지? 그 사장님께서 자기들이 운영하던 부산 매장을 한번 운영해보래. 어때?"

아니나 다를까, 말이 끝나기가 무섭게 형의 날벼락이 떨어졌다.

"너 정신이 있는 거야, 없는 거야? 무슨 부산 매장이야?! 지금 우리가 운영하는 매장들도 제대로 운영하지 못하고 있는 마당에!"

형이 큰소리를 낸다고 물러설 내가 아니었다. 나의 마음은 이미 부산 매장에 가 있었다.

"형, 어차피 우리 고객의 4분의 1은 지방 고객이야. 부산에서 바로 지방 배송하면 배송비도 줄일 수 있다고. 거기다 우리가 직접 매장을 운영하니까 매장 수수료도 없을 거고. 현금이 바로 돌 수 있는 상황이기도 해. 정말 꼭 필요한 매장이라고, 형!"

매번 내 결정을 따라주었던 형도 이번만큼은 완강했다. 나는 고집을 부렸다. 결국 펄펄 뛰는 형을 간신히 설득시켜서 나는 부산에 매장을 열고 외주 공장까지 계약했다. 생산문제를 한 번에 해결할 수 있을 뿐만 아니라 지방 배송, 지방 지역 공략, 현금 흐름까지! 모든 게 개선될 수 있는 완벽한 결정이라고 생각했다.

하지만 순조로울 줄 알았던 일들이 꼬이기 시작했다. 부산 외주 공장에서 만든 가구들 때문에 고객들의 불만이 높아지기 시작했다. 반드시 지켜야 할 조립과정들이 생략되기도 했고, 사포질이며 마무리 등, 그동안 문제가 없었던 품질 관련 문제들까지 발생하기 시작했다.

하는 수 없이 형이 부산으로 내려갔다. 그것은 형만이 해결할 수 있는 문제였다. 그렇게 형과 거리가 멀어지자 또 다른 문제가 발생했다. 형과 대화할 시간이 없어져버린 거였다. 대화가 줄어드니 서로의 빈자리는 더욱 커져만 갔다. 여기까지 올 수 있었던 가장 큰 이유가 부족한 우리 둘이 서로를 보완하며 격려하고 응원해주었기 때문이었다. 그런데 거리가 멀어지자 작은 소통의 문제부터 시작해 중요한 의사 결정의 일들까지, 어려움은 더욱 커지고 말았다.

형이 부산으로 내려갔음에도 불구하고 부산 공장은 나아지지를 않았다. 파주공장만큼의 제품이 나오지 않았다.

형은 부산과 서울을 수시로 오가느라 거리에서 많은 시간을 보냈다. 가구 만드는 데 집중할 수 있는 시간을 길바닥에 흘려보냈다. 부산공장을 통해 문제를 해결해보고자 했으나 오히려 더 큰 문제를 떠안게 된 꼴이었다.

지금 사정도 악화됐다. 공장을 확장하면서 추가로 투자한 비용은 우리를 압박했다. 부산 매장으로 아이파크 몰 매출을 메워보려 했지만 턱없이 부족했다. 거기에 자잘한 교환 반품 요청까지.

통장 잔고는 하루가 다르게 줄어들었다.

어느 날 밤, 나는 부산으로 다시 내려가야 하는 형과 함께 오랜만에 식사를 했다. 식사 자리가 끝나갈 무렵, 형이 내게 넌지시 물었다.

"진수야, 이게 우리가 정말로 꿈꿨던 가구 회사의 모습일까?"

형의 말에 나는 이 모든 게 내 욕심이었음을 인정하지 않을 수 없었다. 리빙페어 이후 아이파크 몰, 거기까지면 좋았다. 그런데 홍대 매장에 강남 매장, 그것도 모자라 부산 매장까지. 과욕이었다.

나는 언제나 내 욕심과 싸워야 했다. 그리고 언제나 그 싸움에서 패배했다. 미어터지는 주문에 눈이 멀어 있었고, 브랜드를 키우는 데 정신이 팔려 있었다. 지금까지 우리를 괴롭혔던 모든 문제들? 답은 간단했다. 고객이 원하는 가구를 만드는 데 모든 힘과 에너지를 쏟아야 했다. 그 방법을 찾아 해결하려고 노력해야 했다. 생산량이 주문량을 따라가지 못하면 주문을 적게 받아 고객이 아이니드 가구를 받았을 때 만족할 만한 품질을 유지하도록 만들어야 했다. 누구보다도 쉼의 필요성을 잘 아는 나였건만, 직원들이 생산량을 채우지 못한다고 오히려 역정을 냈다. 나는 그게 버겁다는 사실을 보지 못하고 그들에게 만들어야 할 가구가 빼곡하게 적힌 주문서를 디밀었다.

그래서 우리는 처음으로 돌아갔다. 문제가 없었던 진짜 원점으로 돌아가 다시 시작하기로 했다. 나는 부산공장과 매장을 철수했고, 형은 다시 파주로 돌아왔다.

거듭된 실패로 인해 나와 형은 몸과 마음이 만신창이가 되었다. 우리는 파주에서 조용히 지내며 각자의 생각과 마음을 재정비하는 시간을 가졌다. 그리고 전 재산을 털어 공장을 성수동으로 이전시켰다. 새로운 마음가짐으로 다시 시작하기 위해.

성수동에 둥지를 튼 우리는 이전과는 전혀 다른 모습으로 아이니드를 꾸려갔다. 나는 주문량에 목매지 않았고, 성수동과 삼성동을 오가며 매장관리와 고객들이 주문한 제품을 제때 만들어 제때 배송할 수 있도록 일정관리에 신경을 썼다.

형도 그전처럼 직원들의 눈치를 보지 않았다. 8시부터 5시까지의 업무시간을 확실하게 지키려 했고, 어쩔 수 없이 야근을 해야 하는 상황이 발생하면 미리 사전에 공지해 혼란이 없게끔 했다. 직원들에게 안전을 거듭 강조하며 필요하다면 쓴 소리도 거침없이 했다.

우리는 위기를 통해 속도에 연연해하지 않고 천천히 성장하는 것이 얼마나 중요한지를 배웠다. 그래서 천천히 걷기로 했다. 10년 뒤, 더 나아가 100년 뒤의 아이니드를 꿈꾸며 더 많은 사람들과 함께 가기 위해.

6장. 10억을 준다 해도 바꿀 수 없는 경험

그놈의 나무못!

▲ 사진 10 |
막대 과자처럼 생긴 나무못. 우리가 생각하는
일반적인 못처럼 뾰족하지 않다.

아이니드 가구는 이중 드릴로 구멍을 낸 접합부분에 나사를 박아 넣고 그 위에 나무못으로 마감처리를 한다. 나무못은 일반 못처럼 뾰족한 모양이 아니라 둥근 막대기 모양인데, 나사가 들어간 부분에 본드를 바르고 나무못을 끼워 넣은 다음 튀어나온 부분을 톱으로 잘라내서 쓴다. 그런데 결마다 색이 다 다른 게 나무의 특성인지라, 나무 겉 색이 옅으니 속 색도 옅을 거라는 보장이 없다. 자르기 전까지는 누구도 알 수 없는 미지의 영역이 바로 나무 속이다.

그 미지의 영역 때문에, 나는 한 통의 교환 요청 전화를 받았다. 그땐 미처 몰랐다. 그게 시작에 불과했다는 것을.

"침대 프레임 쪽에 뭔가 점 같은 게 있어요. 이게 뭐예요?"

전화를 주신 고객님은 신혼집 가구를 전부 아이니드 가구로 맞추신 고객님이셨다. 새로운 출발을 아이니드 가구와 함께 해주셔서 감사한 마음으로 특별히 더 신경 써서 제작했건만……. 마음이 편치 않았다.

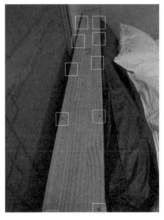

▲ 사진 11 |
고객님이 보낸 사진. 흰색 사각형 안의 까만색 점이 나무못이다.

확인해보니, 침대 프레임 쪽에 쓴 나무못 표면에 옹이가 있었는데 그게 점처럼 보이는 거였다. 원목을 쓰기 때문에 당연히 일어날 수 있는 일이었다. 가구에 이상이 있는 게 아니라는 것을 확인하니 나도 모르게 안도의 한숨이 나왔다.

하지만 그분은 그게 영 마음에 들지 않으신 모양이었다. 왜 이런 옹이가 있는 건지 원목의 특성부터 시작해 차근차근 설명해 드렸지만 끝끝내 교환을 요청하셨다. 그래서 나는 나무못 색에 맞춰 침대 프레임을 다시 만들어 보내드렸다.

그런데 거기서 끝이 아니었다. 그분에게 다시 전화가 걸려왔다. 새로 만든 침대 프레임에 문제가 있었던 걸까? 아니면 나무못 색깔이 다른 부분이 있었나? 불안한 마음에 빠르게 기억을 되짚어보았으나 걸려온 전화의 내용은 전혀 다른 것이었다.

"이제 보니 화장대 의자에도 이런 게 있네요."

이럴 수가! 이번에도 어김없이 교환요청이었다. 어쩔 수 없었다. 고객님이 마음에 들지 않는다고 하면 아닌 거였다. 게다가 이번이 첫 번째도 아니고 두 번째였으니, 전화를 거는 고객님의 목소리도 그리 좋아 보이지 않았다. 내심 오기가 생겼다. 이 고객님을 어떻게 해서든 내 편(?)으로 만들어야겠다는 생각이 들었다. 아니, 내 편을 넘어서서 이분을 반드시 아이니드 마니아로 만들고 말리라. 나는 속으로 다짐했다.

"예, 알겠습니다! 이런 일로 다시 한 번 심려를 끼쳐드려 정말로 죄송합니다. 제가 나무못 백 개를 잘라서라도 좋은 나무못 꼭 찾아낼 테니, 조금만 기다려주세요!"

백 개가 뭐다냐. 나는 천 개라도 자를 기세였다.

그분에게 세 번째 전화가 걸려왔을 때, 나는 이미 직감으로 알아차릴 수 있었다. 이번에는 삼단 서랍장이었다. 교환은 일사천리로 진행되었다. 쓸데없는 말은 더 이상 오가지 않았다. 군더더기 없이, 깔끔하게. 이제는 척! 하면 척! 이었다. 나는 이 삼단 서랍장이 마지막이길 바라며 나무못을 잘랐다. 자르면서도 그분에게 간 다른 가구에는 어떤 나무못을 박았었는지 되짚어볼 정도였으니, 이쯤 되면 노이로제였다.

완성된 가구를 포장하면서, 이제는 내비게이션을 찍지 않아도 될 정도로 익숙해진 길을 달리며 마음속으로 간절히 기도했다. 이번이 제발, 마지막이길! 그러나 나의 간절한 기대와 희망은 다시 걸려온 네 번째 전화에서 무참히 깨지고 말았다.

"여기, 바꾼 곳에도 또 있는데요."

마른세수가 절로 나왔다. 또! 또! 또! 왜 하필 그쪽에 또 문제가 생긴 건지, 망할 나무못은 왜 또 거기에 들어가 있었던 건지……! 정말이지 미치고 환장할 노릇이었다. 하지만 여기까지 와서 물러설 수는 없었다. 네 번째에서 반품? 말도 안 되는 소리! 반품만큼은 절대로 받고 싶지 않았다.

"고객님, 정-말로 죄송합니다. 제게 마지막! 마지막 기회를 주세요. 제가 당장, 지금 가서 당장 바꿔드리겠습니다. 정말 죄송합니다!"

이제는 나무못과의 싸움이 아니라 나 자신과의 싸움이었다. 나는 그분께 반포기 상태나 다름없는 승낙을 받아내고 재빨리 트럭에 올라탔다.

그렇게 삼단 서랍장을 한 번 더 바꿔드리고 마지막으로 TV장까지 교환해드린 뒤에야 나무못, 아니, 나와의 싸움은 나의 승리(?)로 끝이 났다. 단 한 건의 반품도 없었다. 오로지 그분이 만족하실 때까지 교환에 교환을 거듭했을 뿐이었다. 대단한 일은 아니었지만 그래도 무언가 이뤄냈다는 만족감은 이루 말할 수 없었다.

그렇게 혼자 뿌듯해하고 있던 찰나, 홈페이지에 그분이 쓰신 장문의 후기가 올라왔다. 도둑이 제 발 저린다고, 두려움 반 기대 반으로 내용을 열어 보았다. 그러나 후기는 우려했던 것과는 달리 자잘한 것도 대충 넘어가지를 못하는 결벽증에 가까운 자신의 성격에 다 맞춰주신 대표님께 감사하다는 내용의 칭찬 글이었다. 어안이 벙벙했다.

후기를 올려달라고 부탁드린 것도 아니었다. 다른 가구들로 교환만 5번이었으니, 그럴 만한 염치도 없었다. 한 번 교환이 두 번이 되고 세 번이 되자 나중에는 가구를 싣고 방문하면 그분은 가구를 집 안으로 들여놓지 않고 현관 앞에서 뜯어보셨다. 만약에 가구를 집 안으로 들여놨다가 또 잘못된 곳이 있으면 다시 들고 나가야하니까. 그분 입장에서는 나름대로의 배려(?)였다. 하지만 나는 자존심이 상했다. 아무리 그래도 열심히 만들어가지고 온 가구인데……. 문전박대 당하는 것 같은 기분을 지울 수 없었다. 그러나 어쩔 수 없었다. 5번을 오가면서 내가 그분께 할 수 있는 말은 그저 문제가 있으면 나에게 전화해달라는 말뿐이었다.

"10년이 지나도 괜찮습니다. 저에게 이야기해주세요. 그때 제가 이 일을 때려치우고 다른 일을 하고 있다 하더라도 고객님이 불러 주시면 고치러 오겠습니다. 저희 가구 믿고 쓰시면 제가 평생! 무상으로 고쳐드릴게요."

오기라고 이야기했지만 그때의 솔직한 내 심정은 떳떳하고 싶은 마음이었다. 이 가구를 만든 사람이 다름 아닌 나였기 때문에, 내가 만든 가구를 구매한 고객님의 얼굴에서 기쁨을 보고 싶었다. 그분을 보고 죄송하다는 말이 아니라 구매해주셔서 감사하다는 말을 하고 싶었다. 그래야 어디 가서 목수 장진수라고 떳떳하게 이름 석 자를 말할 수 있을 것 같았다.

더 좋은 가구를 만들기 위한 고비를 넘기만 하면 다 잘 될 줄 알았다. 그런데 그게 아니었다. 팔릴 만한 제품을 만들었으니 이제야 출발선상에 설 자격을 얻게 된 것이었다. 나는 레이스 초반에 진입한 새내기였고, 이제 막 눈 앞의 허들을 넘고 있었다. 그래서 눈앞에 놓인 이 허들을 넘지 못하면 원목을 소재로 한 밝은 가구 스타일은 포기해야 된다고 생각했다. 그분도 처음에는 이게 왜 그런지 설명을 해달라고 하셨다. 가구 교체를 할 때도 거듭 설명해드렸지만 이해하지 못하셨다. 나는 그때 느꼈다. 원목이라는 게 일반 사람들에게는 아직 낯선 것이었음을. 내가 직접 제대로 설명을 하지 않으면 고객들은 이유도 모른 채 원목에서 생길 수 있는 자연스러운 부분을 흠이라 생각하고 좋지 않은 인식을 가질 수도 있겠다는 생각이 들었다. 더불어 이보다 더 요구를 하는 고객도 분명히 있을 텐데(그리고 그 예상은 틀리지 않았다!), 이것마저도 넘지 못하면 아이니드를 이끌어갈 수 없다고 생각했다. 그러니까 이 고객님과의 만남은 아이니드 대표로서, 가구 제작자로서 거쳐야 할 일종의 통과의례였던 것이다.

저희는 그런 사람들 아닙니다

리빙페어로 인연을 맺은 배송과장님은 배송의 달인이시다. 그분의 친절함은 고객들이 홈페이지에 남긴 구매 후기를 통해 이미 널리 알려져 있다. 책임감도 강하셔서 배송 관련 문제가 생기면 시간과 요일에 상관없이 달려가서 해결하고 오신다. 어쩔 때는 아이니드 카탈로그를 들고 다니시면서 배송 중에 엘리베이터에서 만난 주부들에게 나눠주며 설명도 하신다. 그래서 한번은 어느 아파트에 배송을 나갔다가 가구 5개를 더 팔고 오시기도 했다. 한창 때인 청년들보다 더 열심히, 열정적으로 일하시는 배송과장님을 보며 언젠가 이런 대화를 나눈 적도 있었다.

"과장님, 우리 회사에서 일하는 거 힘들지 않으세요?"

"힘들기야 하지. 근데 젊은 친구들하고 일하니까 좋아. 다들 열심히 일하니까 나도 그런 모습을 보고 더 열심히 일하게 되는 것 같아."

그러면서 오히려 아이니드에게 더 고맙다고 하셨다. 그런 배송 과장님이셨는데, 어느 날 갑자기 그분에 대한 항의전화가 걸려왔다. 소파를 구매한 고객님이셨는데 배송과장님이 소파를 옮기는 도중에 장판에 흠집을 냈다며 화가 잔뜩 나 있는 상태였다. 그분은 새 장판에 흠집이 났으니 내일까지 장판 수리를 해달라고 요구하셨다. 나는 일단 너무 죄송하다는 말과 함께 정확한 상황파악을 위해 배송과장님과 통화를 해보겠다는 말을 남기고 전화를 끊었다.

배송과장님께 전화를 걸어보니, 과장님 역시 화가 잔뜩 나 있는 상태였다. 이래서 양 쪽의 이야기를 들어봐야 한다는 거다. 과장님 말씀이, 그분이 먼저 소파 옮기는 걸 도와주겠다면서 소파 맞은편을 들어 올렸다고 한다. 과장님은 혼자서도 괜찮다고 했지만 괜찮기는 그분 역시 마찬가지였다. 결국 그분의 도움을 받아 소파를 들고 거실을 가로지르는데, 그분이 그만 소파를 놓쳐 버렸다. 과장님은 자기가 한 잘못은 아니었지만 그래도 도움을 받았으니 죄송하다고 사과를 하셨단다. 찍힌 자국은 육안으로 보기에도 그리 심해 보이지 않아서 속으로 다행이라고 생각하며 배치를 마무리했다. 그런데 고객님 입장에서는 기분이 좋지 않았나 보다. 결국 그분은 장판에 흠집이 났으니 배송비 2만 원에서 만 원을 빼겠다고 하셨다. 과장님이 거기서 알겠습니다, 라고 하면 일이 무마가 됐을 텐데 과장님은 과장님대로 힘들게 거기까지 가신 거라 만 원만 받을 수는 없었다.

"고객님, 저희도 이렇게 힘들게 일하는데 그냥 주시면 안 될까요?"

그랬더니 그분은 알겠다고 정색을 하면서 그럼 찍힌 장판 값을 회사에 대신 청구하겠다며 으름장을 놓으셨다. 일이 생각지도 못한 방향으로 흘러가자 당황한 과장님은 회사에 폐를 끼칠 수 없는 노릇이니 회사에는 청구하지 마시라고, 배송비는 만 원만 받겠다면서 도망치듯이 빠져나오셨다고 한다. 하지만 일은 이미 터진 뒤였다. 그분은 과장님이 가자마자 바로 회사에 항의 전화를 거셨다.

결국 내가 나설 수밖에 없었다. 나는 일을 끝내자마자 그날 밤 11시에 그 집으로 달려갔다. 먼지투성이인 작업복 차림에 지저분한 얼굴 그대로 갔다. 땀까지 뻘뻘 흘리면서! 그까짓 장판 좀 찍힌 걸로 유난떤다고 툴툴거리는 사장처럼 보이고 싶지 않았다. 정말 필요하다면 장판 수리공도 부를 생각이었다. 그냥, 보여드리고 싶었다. 우리는 뭐 남기려고 애쓰는 그런 사람들이 아니며,

가구회사 사장이라고 때 빼고 광내면서 다니지 않는다고. 나는 그저 열심히 가구를 만드는 목수일 뿐이라고. 그분은 그 야밤에 내가 정말로 찾아올 줄 몰랐다는 표정으로 문을 열어주셨다. 나는 먼저 늦은 시간에 죄송하다며 양해를 구하고 집 안으로 들어갔다.

"죄송합니다. 이렇게 새 장판에 자국을 남겨버려서……저희 과장님이 찍은 자리가 어디인가요?"

"저쪽에, 저기예요."

"네?"

"안 보여요? 여기요, 여기. 딱 봐도 보이잖아요."

그분이 찍힌 자리를 직접 손으로 찍어주실 때까지 몰랐다! 정말이지 눈으로 자세히 봐야 알 수 있는 수준이었다. 하지만 그분 눈에는 그게 멀리서도 잘 보이는 흠이었나 보다.

"고객님, 정말로 죄송합니다. 이렇게 잘 보이는 곳에 흠이 나 있을 줄은 몰랐습니다. 제가 배송 과정까지 신경을 제대로 쓰지 못해서 일어난 일이니까, 저희가 수리비 대겠습니다. 당장 교체해드릴게요."

비아냥대기 위해서가 아니었다. 고객님이 그렇다고 하면 그렇다고 해야 한다. 나는 오늘은 시간이 늦었으니 내일 아침에라도 이 지역에 있는 장판 수리공을 찾아 보내겠다고 했다. 그러자 그분은 그제야 굳어있었던 얼굴 표정을 풀고 손사래를 치셨다.

"아니에요, 그렇게 하실 필요 없어요. 이대로 그냥 써도 되는 거였지만 그냥 사과를 받고 싶었어요. 그런데 이 시간에 이렇게 직접 오실 줄은 몰랐네……사과도 해주시고. 감사해요."

정말로 괜찮으시겠냐고 물었더니 정말 괜찮다며 자기도 자기가 억지 부린 거 알고 있다고 인정까지 하시는 게 아닌가! 나는 정말 죄송하고 감사하다는 말을 거듭 남기고는 그 집을 나왔다.

집으로 돌아가는 길을 달리면서, 나는 절실하게 느낄 수 있었다. 가구가 내 손을 떠났다고 해서 끝이 아니구나. 고객의 집까지 무사히 도착해야 비로소 하나의 과정이 끝났다고 이야기할 수 있는 거였다. 그런데 내가 갖고 있었던 '나는 목수'라는 그 마음속에는 배송 과정이 없었다. 가구를 제작하는 일이 내 소관이고, 배송은 오로지 배송과장님의 몫이라는 생각으로 일을 분리시키고 있었다. 그런데 일이 이렇게 일어나고 보니, 내가 달려가지 않으면 안 되었다. 나는 그냥 목수가 아니었다. 내 직책은 목수로 끝나지 않고 더 나아가 아이니드 공동대표까지 포함하고 있었다. 그런데 나는 그 사실을 까맣게 잊고 있었던 것이다. 사장이라고 때 빼고 광내고 다니지 않는 검소한 모습은 좋지만, 그렇다고 해서 사장의 역할까지 포기해서는 안 되는 거였다.

내 안에는 두 개의 마음이 있다. 목수로서의 마음과 사장으로

서의 마음. 이 고객님과의 만남을 통해 나는 두 마음의 존재를 뚜
렷하게 느낄 수 있었다.

　고객은 아이니드 제품만을 만들어주는 게 아니었다. 그들은 이
제 간신히 한 사람의 몫을 하게 된 목수에게 사장의 마음가짐을
일깨워주는 스승이었다.

나는 칠을 할 테니 너는 불을 비추거라

한번은 인터넷으로 아이니드 가구를 보고 구매하신 고객님께 전화가 걸려왔다.

"저 이거 책상, 인터넷으로 보고 샀는데요. 표면이 반질반질한 줄 알았는데 아니네요? 다른 가구들보다 좀 거칠거칠 한 것 같기도 하고, 컵을 올려놓으면 물자국도 남네요. 이거 코팅이 안 되어 있는 거죠? 이렇게는 못 쓰는데……. 코팅을 좀 해주셔야 될 것 같아요."

코팅에 관련된 문의는 여러 가지 문의 중에서도 베스트에 속했다. 나는 그분께 아이니드 가구는 친환경이고 원목을 쓰기 때문에 코팅을 하지 않고 칠도 아주 최소한으로만 한다고 말씀드렸다.

"……그래서 코팅이나 칠을 두껍게 해버리면 나무가 숨을 쉬지 못해요. 지금은 이런 질감이 맘에 들지 않으시겠지만 한 번 써보시면 기존 가구들과 다른 매력을 느끼실 수 있을 거예요."

"물론 그렇긴 하겠지만……전 역시 부드러운 게 좋은 것 같아요. 칠 한 번만 다시 해주시면 안 될까요?"

원목의 좋은 점을 충분히 설명해 드렸는데도 이렇게 이야기하시니 어쩔 수 없었다.

"정 그러시다면……알겠습니다. 다시 칠해드릴게요. 그러면 제가 고객님 편한 시간에 방문해서 다시 칠해드리겠습니다. 언제가 편하신가요?"

시간을 맞춰보니 맞벌이 부부라 퇴근해서 집으로 오면 8시쯤 되고, 저녁 먹고 아이들 재우면 10시쯤 된다고 했다. 그곳이 서울 근교니, 나 역시 일을 끝내고 파주에서 넘어가면 그쯤 될 것 같았다. 나는 방문 시간을 잡아놓고 같이 일하는 목수 동생 하나를 야근수당으로 살살 꼬셔서 칠을 하러 갔다.

"고객님께서 반들반들한 질감을 원하시니까 샌더로 살짝 한 번 더 밀고 난 다음에 칠을 해드릴게요."

"아 네, 감사합니다. 그런데 지금 아이들이 자고 있거든요…….
깰 수도 있으니까 죄송하지만 이거 밖에 들고 나가서 해주시면 안 될까요?"

그날은 겨울이었고 유독 추운 날이었다. 그런데 밖이라니! 게다가 그곳은 아파트였는데 11층인가 12층인가에, 복도식 아파트였다. 한숨이 절로 나오는 상황이었으나 나는 한숨을 집어삼키고 씩씩하게 대답했다.

"예, 알겠습니다! 밖에서 금방 해드릴게요."

그때 같이 따라온 동생의 표정이란……. 나는 군말 없이 복도에 신문지를 깔고 동생과 함께 책상을 가지고 밖으로 나왔다.

춥기도 더럽게 추웠다. 따뜻한 곳에 있다 나오니 더한 것 같았다. 입에서 이 부딪치는 소리가 절로 나왔다. 움직일 때마다 복도 불이 깜빡깜빡, 켜졌다 꺼지기를 반복했다. 얼른 끝내고 집에 가자는 생각밖에 들지 않았다.

"야, 불 없냐? 불 좀 켜봐."

뭐가 보여야 칠을 할 텐데 복도 불은 시간이 지나면 금세 꺼져버렸다. 동생은 주머니에서 주섬주섬 스마트 폰을 꺼내 조명등을 켰다.

"이제야 좀 보이네. 너는 그걸로 비추고 있어. 내가 칠할 테니까."

혹시나 또 잘못 칠하면 안 되니까. 나는 그 어느 때보다도 신중하게, 추위에 떨면서 칠 작업에 들어갔다. 동생은 내 스마트 폰까지 받아내 조명등을 쌍으로 켜고 멀뚱하게 서 있다가 복도 불이 꺼지면 몸을 들썩이기를 반복했다. 맞은편 동에 있는 사람들이 이 모습을 보면 얼마나 황당해 할지, 안 봐도 비디오였다. 그러나 맞은편까지 갈 필요도 없었다. 퇴근하고 돌아온 같은 층 사람들이 이 진기한 광경을 놓치지 않고 말을 걸었다.

"거기서 뭐 하는 거요?"

"아, 네. 죄송합니다. 가구 회사에서 나왔는데 칠 하고 있는 중입니다."

"아이고, 이 시간에?"

"하하하……어쩌다보니 그렇게 됐습니다. 소란 피워서 죄송합니다."

"허 참, 수고가 많네. 가구 무슨 회사?"

"그게……그……어……파주에 있는 작은 가구 회사예요."

창피해서 차마 아이니드라고 말할 수가 없었다! 그렇게 한 사람이 지나가고 나면 우리는 묵묵히 제 역할에 더욱 충실하게 매진했다.

한참이 흘렀을까. 겨우겨우 칠을 끝내고 문을 두드렸다. 두드리면서도 혹시 기다리다 지쳐서 잠드셨으면 어쩌지, 라는 섬뜩한 생각이 스쳐 지나갔다. 다행히도 그분은 주무시지 않고 우리를 기다리고 계셨다.

"오래 기다리셨죠? 칠 다 끝냈습니다."

"아, 그래요?"

그분은 조명등과 복도 불빛 아래에서 새로 칠한 책상을 꼼꼼하게 확인하셨다. 혹 칠이 덜 된 부분이 있지는 않았는지 걱정이 들 정도로 꼼꼼한 눈길이었다. 이윽고, 그분의 입이 열렸다.

"한 번만 더 칠해주시면 안 돼요?"

"한 번 더요? 하하하……예, 알겠습니다! 당연히 칠해드려야

죠. 원래 처음이 어렵지 두 번째는 쉽거든요."

그때 날 보는 동생의 표정이란……. 사장만 아니었으면 한 대 패고도 남을 표정이었다.

"뭘 봐?"

"아뇨, 아무 것도 아니에요."

떠들면 집안까지 목소리가 들릴 테니, 우리는 또다시 군말 없이 칠 작업에 들어갔다.

그렇게 우리는 두 번의 칠을 끝내고 나서야 책상을 집 안으로 들여놓을 수 있게 되었다. 공장에서 30분이면 끝낼 것을 비좁은 복도에서 핸드폰 조명등에 의지한 채 칠을 하느라 시간은 어느덧 자정을 넘어 새벽을 향하고 있었다. 밝은 불빛 아래 드러난 책상의 자태를 보며, 나는 칠이 혹 잘못된 곳은 없는지 눈으로 샅샅이 훑는 것도 잊지 않았다. 칠을 덧입혀 반짝반짝 빛을 내는 책상이 마음에 드셨는지 그분의 표정은 한결 좋아 보였다. 나는 홀가분해진 마음으로 주의사항을 안내해 드렸다.

"칠이 마르기는 했지만 물건을 올려놓으면 혹시 자국이 남을 수도 있으니 여유를 두시고 하루 이틀 더 말려 두었다가 사용해 주세요."

드디어 퇴근이다! 나는 충분히 말린 다음에 물건을 올려놓을 것을 거듭 강조한 뒤 현관으로 돌아가 신발을 신었다. 한쪽 구석에서 반짝반짝 빛을 내고 있는 책상을 보고 있으니 뿌듯하기도 하고, 한편으로는 딸을 시집보내는 엄마의 마음(?)처럼 어딘가 찡하게 울려오는 것 같기도 했다. 그런 만감이 교차하는 가운데 나는 인사를 드리기 위해 고개를 돌렸다.

"늦은 시간에 실례가 많았습니다. 다음번에도 저희 아이니드 가구 이용해 주세요. 맘에 들지 않는 부분이 또 생기시면 언제든지 연락 주시고요! 제가 지금처럼 달려와서 고쳐놓겠습니다."

"하하, 네. 감사합니다. 수고 많으셨어요. 저기 근데……."

"예?"

"서비스는 없나요?"

순간 멍했다. 그러나 장민수, 나는 이제 프로였다. 고작 이런 거에 당황할 내가 아니었다.

"서비스요? 네, 그럼요. 있고말고요. 미니 책꽂이가 있는데, 제가 오늘은 칠 해드린다고 일 끝나고 급하게 온 거라 챙겨오지를 못했네요. 제가 다음에 여기 지나가는 길에 잊지 않고 꼭 들러서 서비스로 책꽂이 드리고 갈게요."

서비스 약속까지 드린 뒤에야 우리는 비로소 그 아파트를 빠져나올 수 있었다.

파주로 돌아가는 길, 나는 그냥 가기가 뭐해 휴게소에 들러 같이 고생한 동생에게 따뜻한 커피를 내밀었다. 우리는 한동안 말 없이 커피만 홀짝였다. 빈속에 따뜻한 커피가 들어가니 긴장도 같이 풀리는 것 같았다. 한참 뒤에 동생이 입을 열었다.

"형, 저는 형이 그 책상 반품 받을 줄 알았어요."

좀 전까지의 상황이 아무래도 믿기지가 않는다는 듯, 동생은 헛웃음을 터트렸다.

"왜?"

"왜라뇨, 그야……형은 공장에 있을 때는 매일 승질부리고 화만 내잖아요."

"뭐 임마?"

커피를 손에 들고 있으니 때릴 수도 없고……. 나는 때리는 시늉만 하다가 다시 커피를 홀짝였다. 그러자 동생이 다시 말을 이었다.

"형은 가구 만드는 데 자부심을 갖고 있잖아요. 그런 사람이 냄새나니까 밖에서 칠하라는 말에 욱하지도 않고 실실 웃으면서 들고 나가 칠하는 게 신기해 보였어요."

솔직히 말하면? 짜증났다. 나도 사람인지라 어쩔 수 없었다. 누가 이 추위에 사람들 지나다니는 복도에서 칠 하면서까지 가구를 팔고 싶을까. 옛날 자존심이었으면 벌써 더럽고 치사해서 안 판다고 성질내며 가구를 도로 가져갔을 지도 모른다. 그러고도 남앗겠지. 하지만 그렇게 팔사람 안 팔사람 가려서 팔기 시작하면 손가락 빨아야 한다. 세상에 나와 잘 맞는 사람만 있다면 그곳은 지상이 아니라 천국이 아닐까. 이런 사람 저런 사람이 있듯이, 고객도 이런 고객 저런 고객이 있는 법이다. 그것을 내 개인적인 감정으로 판단해버리면 객관성을 잃었다. 그래서는 안 되는 거였다.

"저 사람은 내가 만든 가구를 필요로 하지 않는 사람이라고 한정 지으면 안 돼. 그러면 세상에 내가 만든 가구를 쓸 사람 별로 없을 걸? 아까 그분도 칠을 다시 해달라고 했지 반품을 요청하지는 않았잖아. 그런데 그걸 내 멋대로 '아, 저 사람은 내 가구가 필요 없나 보다'라고 단정 지으면 안 되는 거라고."

"네. 형 말이 진짜 맞는 것 같아요."

"야, 그리고 우리가 초딩도 아니고, 나이 먹어서까지 내 편 네 편 갈라야 되겠어?"

"왜요, 형 초딩이잖아요. 입맛도 완전 초딩입맛이고."

"내 입맛이 뭐가 어때서?!"

그렇게 우리는 자정을 넘긴 새벽에 고속도로 휴게소에서 서로 투덕거리며 하루의 피로를 날려 보냈다.

진수에게 아이디어를 퇴짜 맞고 고뇌하던 시절, 그때 뼈저리게 느낀 것은 내가 아니라 고객 입장에서 가구를 생각하고 가구를 만들어야 한다는 것이었다. 하지만 아이니드의 강점인 원목의 특성을 살리려면 고객의 요구를 다 들어줄 수 없었다. 고객의 요구는 양날의 검과도 같아서, 어떻게 받아들이느냐에 따라 나를 헤칠 수도 있고 나를 지킬 수도 있었다. 그래서 설령 다수가 반대해도 아이니드 가구의 강점이 될 것들은 고수하되, 개별적으로 나에게 요청하는 고객에 한해서는 칠을 다시 하거나 색을 입혀주기도 했다. 이번 일도 이와 같은 경우였다. 하지만 막상 춥고 어두운 곳에서 불편하게 칠을 하고 있자니 불쑥 이런 생각이 들었다.

'나는 왜 여기서 이 일을 하고 있는 거지?'

혼란스러웠다. 반드시 지켜야 할 것을 고수한다면서, 왜 이 늦은 시간에 원목 책상에 칠을 하고 있는 건지 나 자신조차 혼란스러웠다. 내가 지켜야 할 것은 정말로 무엇인가?

하지만 나는 이내 깨달았다. 반드시 지켜야 할 것이라는 게 가구의 완성이 아니라는 것을 말이다. 내가 지키려고 했던 원목의 특성은 가구를 더 생생하게 만들고 아름답게 보이기 위함이지 그 이상은 될 수 없었다. 더불어 내가 모든 공정과정을 끝냈다고 해서 완성이 되는 것도 아니었다. 가구의 진정한 완성은, 그 가구가 고객에게 가서 고객이 흡족한 마음으로 사용하겠다고 결정을 내렸을 때 이루어지는 것이었다.

선의의 거짓말?!

　야근을 해도 다음날 나갈 가구수량을 다 못 채울 때가 있다. 진수는 내가 게을러 터져서 그런 거라고 하지만 나는 나대로 억울한 감이 없지 않아 있다. 밤새도록 일하고도 다 못 만들어서 욕을 먹으니까. 그럴 때마다 나는 진수에게 만들겠다고, 잠도 제대로 못 자고 계속 가구만 만들었지만 만들다 죽어버리면 된다며 큰소리 뻥뻥 치다 또 욕을 먹는다. 그런데 배송과장님은 그런 내 맘을 십분 이해해주신다. 당신이 보기에도 내 모습이 어지간히도 짠했나 보다. 그래서 우리는 일터에서 환상의 콤비였다.

　겨울이었다. 나는 그날도 밤을 샜지만 주문량을 다 채우지 못해 허덕이고 있었다. 그렇게 출고해야 할 가구가 나오지 않았을 때는 진수에게 이야기해 고객에게 전화를 걸어 사과를 하고 양해를 구해야 한다. 하지만 진수에게 또 혼나기는 싫었다. 그래서 나는 정말 혼나기 싫을 땐 진수에게 이야기하지 않고 배송과장님에게 양해 좀 구해달라고 부탁을 드렸다. 어차피 배송과장님이 배달을 나가기 전에 고객들에게 전화를 걸어 집에 사람이 있는지 없는지 확인 전화를 걸고 나가기 때문에, 배송과장님이 양해를 구해도 문제될 일은 없었다. 그런데 그날은 수량 미달이 심해 배송과장님에게 고객들에게 양해전화 좀 해달라는 부탁을 새카맣게 잊어버리고 말았다. 사정을 모르는 배송과장님은 가구를 싣기 위해 공장으로 오셨다.

"응? 이게 다야? 오늘 침대 세트 나가기로 했는데?"

"네?"

"오늘 침대 세트 나가는 날이잖아. 고객한테 이미 전화……돌렸는데……."

가구를 실으러 온 자와 내놓을 가구가 없는 자는 그렇게 말없이, 한동안 서로의 눈만 쳐다봤다.

이윽고, 나는 대형 사고가 터졌음을 온 몸으로 느낄 수 있었다. 침대 세트라니, 큼지막한 가구가 한 둘이 아니었다. 심지어 그분은 가구를 받기 위해 연차까지 쓰고 집에서 기다리고 있는 중이라

했다. 어떻게 하지? 이걸 어째?! 누가 내 뒤통수를 시원하게 후려 쳐줬으면 좋겠지만 그 사람이 진수인 건 싫었다. 이제 와서 진수 에게 말할 수도 없는 노릇이었다. 가장 최악의 방법이, 진수에게 말하는 것이었다. 그게 싫어서 머리를 열심히 굴려보았지만 뾰족 한 수가 나오지 않았다. 몸이 달았다.

"침대 세트 하나도 못 만든 거야?"

함께 머리를 굴리던 배송과장님이 툭 던지듯 물으셨다.

"으음……침대는 나올 수 있어요. 샌딩이 덜 되긴 했는데 금방 완성할 수 있어요."

"오케이, 좋아."

배송과장님은 무슨 뾰족한 수라도 생긴 것인지 휴대폰으로 그 고객에게 전화를 거셨다.

"안녕하세요, 아이니드입니다. 오늘 고객님께 배송 예정이었던 침대 세트 말입니다. 네, 그게 참……정말 죄송한데, 파주에 폭설 이 내려서 차를 움직이기 어려운 상황이 되었습니다. 예에……정 말 죄송합니다."

이럴 수가! 명배우 저리가라였다! 배송과장님은 아쉬움이 가득 담긴 목소리로 파주에 폭설이 내려 배송이 어렵다는 이야기를 술 술 풀어놓으셨다. 파주에 눈이 많이 오기는 했었다. 하지만 솔직 히 까놓고 말해서 차가 못 움직일 정도는 아니었다. 아니나 다를까, 배송과장님의 선의의 거짓말(?)은 여기서 끝이 아니었다.

"아이니드에는 공장이 1공장과 2공장, 두 곳이 있어요. 제가 공장에 전화해서 확인해보니까 고객님 물건은 2공장에 있더라고요. 1공장은 평지에 있어서 진입이 가능한데, 2공장은 산 중턱에 있어서 진입이 어려워요. 이 눈 때문에 저희도 참 곤란하게 되었습니다. 당장 나가야 할 가구는 많은데 눈 때문에 발이 묶여서……."

배송과장님의 머리 뒤로 광채가 보였다. 한 마디 한 마디가 주옥같았다. 그동안 나와 콤비를 맺으며 쌓은 내공이 발휘되는 역사적인 순간이라 해도 과언이 아니었다. 희망이 보였다. 배송과장님도 이야기의 흐름을 잡았는지 기세를 몰아붙였다.

"그런데 정말 다행히도, 고객님의 침대가 1공장에 있더라고요. 예, 그것만. 그래서 제가 오늘은 침대만 빨리 배송을 해드릴게요. 나머지는 제가 주말에 고객님 시간 되실 때, 예, 아침이어도 좋고 밤늦게도 되니까 고객님 편한 시간에 갖다 드릴게요. 양해 부탁드립니다."

끝내기 홈런! 나는 마음속으로 '배송과장님 나이스 샷'을 외쳤지만 고객님이 허락을 해야 유효했다. 하지만 이내 배송과장님의 입가에 번지는 미소를 보고, 나는 소리 없는 환호성을 질렀다.

"예, 정말 감사합니다. 조금만 기다려주세요. 금방 갖다 드리겠습니다. 이해해주셔서 감사드립니다. 제가 공장 쪽에다 고객님께 서비스 많이 드리라고 이야기 해놓겠습니다. 예, 그럼 이따 찾아 뵙겠습니다! 감사합니다."

아무렴요. 서비스 왕창 드려야지요! 나는 서둘러 마무리 작업에 들어갔고, 배송과장님은 무사히 침대 하나를 얻어 배송 길에 오를 수 있었다. 나는 배송과장님이 벌어주신 귀한 시간이 헛되지 않도록, 나머지 가구들도 속전속결로 만들었다. 그때까지 우리는 우리가 아주 당연한 사실을 놓치고 있다는 것을 깨닫지 못하고 있었다.

아이니드에는 1공장과 2공장이 있다(이건 거짓말이 아니라 사실이다). 그런데 친절한 진수씨가 이 공장 사진을 홈페이지에 올려놓았다는 사실을, 우리는 새카맣게 잊고 있었다. 심지어 1공장과 2공장은 사이좋게 붙어있었고 산 중턱에 있는 것도 아니었다. 우리의 얕은 거짓말은 진수가 올려놓은 사진 한 장으로 들통 나고 말았다.

결국 배송과장님이 배송 마지막 날에 고객님께 모든 것을 사실대로 털어놓으셨다. 공장 직원들이 쏟아지는 주문량에 이래저래 힘든 상황이었는데, 곁에서 그걸 지켜보는 입장으로 너무 안 돼 보여서 고객님께 거짓말을 하게 되었다고. 그 이야기를 듣는 순

▲ 사진 12 |
사이좋게 붙어 있는 제1공장과 제2공장.

간 나는 고개를 들 수 없었다. 주문량을 채우지 못했을 때 '배송과 장님에게 부탁하면 되지 뭐'라고 안일하게 생각하기도 했던 나 자신이 한없이 부끄러워졌다.

그런데 정말 다행히도 그분은 우리의 팀워크(?)를 좋게 보신 것 같았다. 물론 거짓말은 어떻게든 변명할 수 없는 잘못이지만 누구한테 떠넘기기 식이 아니라 어떻게 해서든 시간을 벌어 이 문제를 해결하고자 했던 우리의 마음을 좋게 봐주신 덕분에, 거짓말

사건은 별 탈 없이 무사히 넘어갈 수 있었다. 물론 그 고객님께는 나도 직접 전화를 드려 확실하게 전후사정을 이야기하고 잘못을 인정하고 정중하게 사과를 드렸다. 약속대로 서비스를 푸짐하게 드리는 것도 잊지 않았다.

이 일을 통해 책임감이 무엇인지 확실하게 배운 나는 배송과장님에게 부탁하는 일을 그만두었고 아침 8시부터 5시까지, 주문량이 많아 야근이 불가피하면 야근을 하면서 다시는 이런 일이 일어나지 않도록 주의를 기울이게 되었다. 도대체 어디서 저런 배짱이 나온 건지, 지금 봐도 기가 막히다.

가끔 인터넷으로 물건을 구매하다 보면 이런 일들이 생긴다. 판매처에서 주문량이 많이 밀려있어 그날 배송이 어려울 것 같다, 양해 부탁드린다는 문자를 보내오면 그나마 다행인데 가끔가다 말도 없이 늦게 오는 경우가 있다. 요즘에는 주문할 때 배송 예상 날짜가 뜨니까 우리는 그 날짜를 예상하며 택배 회사에서 보내는 배송 문자를 기다린다. 그런데 아무런 연락도 없이 예상 날짜를 넘기면 김이 빠진다. 하루 이틀 정도야 괜찮다. 그런데 그게 사 일이 되고 오 일이 되면 슬슬 화가 난다.

물건을 판매하고 배송하는 입장에서는 '그 정도도 못 기다려 줘?'라고 생각할 수도 있다. 하지만 기대하는 마음으로 물건을 구매한 고객의 마음은 다르다. 제품에 깃들어있는 고객의 기대를 헤치면, 물건을 받았을 때의 기쁨 또한 줄어들기 마련이다. 때문에 물건을 판매하는 사람은 고객의 기대까지 책임져야 할 의무가 있다. 기대까지 책임지려니 어깨가 무거운가? 어쩔 수 없다. 사람과 사람 사이의 감정은 이렇듯 복잡하고 미묘하며, 이것은 제품을 사이에 둔 판매자와 고객 사이에도 있는 거니까.

내 딸에게도 물려줄 거예요

한번은 매장에 나와 있는데 연세가 있으신 분이 매장 안으로 들어오셨다. 내가 만든 가구를 처음으로 사주셨던 분도 노부부여서 그런지, 그런 분들이 매장을 방문하면 괜스레 반가운 마음이 들었다. 나는 그분께 천천히 구경하시라는 말씀을 드리고 조용히 뒤로 물러났다. 얼마 있지 않아 그분이 나를 부르는 목소리가 들렸다.

"나 이거 살게요. 계산 어디서 하면 되나?"

그분이 가리킨 것은 다름 아닌 화장대였다. 아이니드의 베스트셀러이긴 했으나 화장대는 주로 20대나 30대의 젊은 여성들이 많이 찾는 가구였다. 그래서 식탁이나 서랍장이 아닌 화장대를 고르신 게 조금 의외였다. 아니나 다를까, 가까이 다가가자 그분은 수줍게 말문을 여셨다.

"이 가구가 너무 맘에 들어. 색깔도 곱고, 생긴 것도 예쁘고. 이런 건 젊은 사람들이 많이 쓰지?"

"네, 젊은 사람들이 많이 찾는 가구이긴 해요. 그래도 가구에 나이가 어디 있습니까. 마음에 들면 쓰는 거죠. 어머님에게도 아주 잘 어울리는 화장대예요."

"그래요? 나는 딸이 결혼하면 딸한테 물려주려고……."

"아, 따님에게 결혼선물로 드리시려고요? 그럼 그때 사셔도 될 것 같은데요."

"아니 그게 아니라, 나도 이런 가구 한 번 써보고 싶어서. 너무 주책인가?"

가슴이 찌르르하게 울렸다. 그분은 자신이 이런 가구를 쓰는 것을 '자기욕심'이라고 표현하셨다. 욕심이라니, 당연한 권리인데.

이케아와 같은 가구가 인기를 얻고 있는 요즘은 가구에 대한 인식이 많이 바뀌어 사람들은 내구성은 조금 떨어지지만 저렴하고 디자인이 예쁜 가구를 선호한다. 하지만 불과 우리 부모님 세대만 해도 가구는 결혼할 때 마련해 평생 쓰는 예물이었다. 그러니 부모님들은 세월과 함께 빛바래고 때가 탄 가구를 당연하게 여기면서 쓰셨다. 나무 향기가 솔솔 풍기고 결이 고운 새 가구들은 자신들의 것이 아니라는 생각을 하며. 사람이고, 더더군다나 여자인데 예쁜 물건을 보고 예쁘다는 생각을 왜 안 하겠는가. 그분의 말 속에서 그런 속내를 감추고 살아온 세월이 느껴지는 것 같아 마음이 편치 않았다. 그래서 나는 농담 반 진담 반으로 그분에게 이렇게 말했다.

"어머니! 그럼 이 가구 쓰시다가 따님 결혼하시면 저 불러 주세요. 제가 샌딩이랑 칠 다시 해서 새 가구처럼 만들어 드릴게요."

"그렇게 해줄래요? 나 이거 잘 쓰다가 꼭 딸한테 물려줄 거야. 걔도 맘에 들어 할걸."

그분은 그렇게 이야기하시면서 화장대 하나를 사가셨다.

자식에게 물려주고 싶은 가구. 그것은 내가 지금까지 들은 칭찬 중에서 가장 과분하고 영광스러운 칭찬이었다. 나는 10년 뒤에도 있을 아이니드를 생각하며 지금까지 달려왔는데, 그분은 아이니드 가구를 딸에게도 물려줄 만한 가구로 여기고 계셨다.

3년 동안 오로지 가구만 만들었다. 그렇게 만든 가구가 제 주인을 만나 곳곳에서 숨 쉬고 있다는 생각을 하면 마음이 뿌듯하게 차올랐다. 그분들에게 필요한 가구가 되었다는 사실 자체만으로도 아이니드의 존재 이유를 얻게 되었으니 더 바랄게 없다고 생각했지만, 어쩐지 더 큰 꿈을 꾸게 된 것 같았다. 3년 동안 쉴 새 없이 달려왔으니, 나는 좀 빠져도 되겠지? 천만의 말씀! 더 열심히 달려야겠다고 생각했다. 그분들의 자식들에게도 좋은 가구로 기억되었으면 좋겠다는 마음은 나의 의지를 불태우기에 충분했다.

이런 관계가 참 묘하다고 생각했다. 내게 필요한, 그리고 고객에게 필요한 '아이니드'를 만들겠다고 했으면서 엉뚱한 방향으로 걷고 있을 때, 올바른 방향을 알려준 사람들은 내가 만든 가구를 사주는 고객들이었다. 내 위주였던 디자인들과 제품에 대한 생각들은 고객들과의 대화로 서서히 바뀌었다. 고객 덕분에 아이니드 가구는 군더더기를 말끔히 떼어낼 수 있었고 지금까지 올 수 있었다. 성공이라는 달리기에서 장애물이라고 생각했던 몇몇 고객의 존재는 나를 한 단계 더 성장시키는 시험 과정이었다. 단순히 돈이라는 이해관계로는 설명할 수 없는, 오히려 그 이상의 무언가가 얽혀있는 이 관계가 참으로 신기했다. 물질만능주의인 이 시대에서 이런 관계를 누릴 수 있다는 게 얼마나 마음 따뜻하고 소중한 일인가. 그들의 존재는 단순히 '내가 만든 제품을 사주는 사람'이라고 정의하기에는 너무나도 아까웠다.

에필로그

나는 오늘도 꿈을 꾼다

'남들이 YES할 때 나는 NO'라는 말이 있다. 남들이 옳다고 말하는 것을 아니라고 부정할 수 있는 용기. 모두가 가고 있는 방향에서 벗어나 다른 곳을 향해 걸어갈 수 있는 용기. 지금 이 시대를 살아가고 있는 우리에게 가장 필요한 것은 이런 용기라고 생각한다.

모든 사람이 같은 꿈을 꾸지는 않을 것이다. 그런데 주변을 보면 너무나도 많은 사람들이 같은 꿈을 꾸고 산다. 올해 공무원시험에 응시한 사람 수가 19만 987명이란다. 단일 시험으로는 수학능력시험 다음으로 응시자가 많다고 하는데, 이 많은 사람들의 꿈이 정말로 공무원이 되는 것일까? 꿈이라기보다는 공무원이라는 직업 속에 포함되어 있는 안정적인 직장과 생활 보장, 외부의 시선 등이 주는 매력 때문이 아닌지 조심스럽게 추측해 본다.

나를 부정하고 내가 좋아하는 것을 뒤로 하고 앞만 보고 달리는 것은 내가 올라가야 할 산을 두고 옆 산을 오르는 것과 같다. 정상에 가서야 깨닫는다. 내가 올라오고 싶었던 산은 이 산이 아니었는데, 라고. 어렵사리 취직했는데 일이 즐겁지 않고, 자꾸 퇴근 시간만 기다리고 있고, 가끔씩 '내가 여기서 뭘 하고 있는 거지'라는 생각을 하고 있는가? 그렇다면 당신도 옆 산을 올라온 것이다.

스스로 만족할 수 있는 삶, 나는 그것이 행복의 척도라고 생각했다. 스스로 만족한다는 표현이 너무 광범위하게 느껴질 수 있겠지만, 자신이 하는 일에 초점을 맞추면 이해가 쉬워진다.

퇴근시간을 잊어버릴 만큼(?!) 일이 즐거우며, 더 잘하고 싶고 더 열심히 하고 싶다는 마음이 샘솟는 일을 하는 사람이 있다고 가정해보자. 그 사람의 삶은 어떨까? 적어도 회의감에 찌들어 퇴근 시간만을 기다리면서 살지는 않을 것이다.

일이 즐거우려면 내가 좋아하면서도 잘 할 수 있는 일이어야 한다. 나도 처음에는 내가 무엇을 좋아하는지 몰랐다. 마음가는대로 살면 된다고 생각했다. 그래서 '나는 이제 졸업할 나이가 되었으니까 이런 것들을 준비해야 해'와 같은 생각은 하지 않았다. 그것은 다시 말해 졸업이라는 시기가 내가 해야 할 일을 대신 정해준다는 건데, 나는 그게 싫었다. 대신에 나는 내가 좋아하는 일을 찾기 위해 시간에 구애받지 않고 고민하는 것을 선택했다.

많은 사람들이 자신의 재능과 진로를 두고 고민할 때 '너는 이런 걸 잘하는 것 같아', '넌 그런 일 하면 잘 어울릴 것 같아'와 같은 다른 사람의 의견에 귀를 기울인다. 하지만 이것은 '그럴 것 같다'는 뜻이지, '그렇다'는 이야기가 아니다. 다른 사람에게 답을 구하는 것은 소용이 없다. 누군가에게 답을 듣는다면 그것은 그 사람의 것이지 내 것이 아니다. 그럴 거면 차라리 혼자 방에 틀어박혀 나 자신을 공부하는 쪽이 훨씬 더 낫다고 생각했다. 왜 그렇게까지 해야 하냐고? 좋아하는 일을 하면서 즐겁게, 후회 없이 살고 싶었으니까!

그래서 나는 내가 좋아하는 색이 무엇인지, 어떤 것을 싫어하고 어떤 것에 열등감을 느끼는 지, 어떤 사람들과 있을 때 즐겁고 어떤 사람을 볼 때 화가 나는 지, 어떤 TV 프로그램을 선호하는 지, 아주 사소한 것부터 따져보기 시작했다. 등잔 밑이 어둡다고, 정답은 주로 이런 사소한 곳에 숨어있을 때가 많았다. 나는 그 답이 '무언가를 만드는 일'이었고 이것은 나를 '목수'라는 직업으로 이끌었다.

목수라는 직업은 일반 사람들이 볼 때 평범한 직업이 아니다. 지저분하고, 힘들고, 위험한 일. 목수를 바라보는 사회의 시선이 그랬다. 목수뿐만이 아니었다. 몸 쓰는 일을 하는 사람들을 사회에서는 '노동자'라고 불렀다.

하지만 내가 본 노동자들의 삶은, 그리고 내가 체험한 노동자의 삶은 사회에서 바라보는 그런 시선들과는 달랐다. 이만큼 정직한 일이 없었다. 일한 만큼 돈을 받았고, 무언가를 만들었다는 자부심에 마음이 뿌듯해지는 일이었다. 그래서 나는 스스로를 노동자라고 불렀다.

한번은 목수 팀 동생들의 일하는 모습을 찍어서 SNS에 올린 적이 있었다. 그 사진에 '노동자들'이라는 단어를 썼는데 진수가 그걸 보고 당장 지우라고 했다. 형이 어떤 의도로 그 단어를 썼는지 나는 잘 알지만 다른 사람들은 그렇게 바라보지 않을 거라는 우려 때문이었다. 내가 저 사람들을 고용한 입장에서 비하하려고 쓴 게 아닌데, 그렇게 바라보는 시선이 있을 수도 있다는 현실이 씁쓸하고 안타까웠다.

오늘도 꿈을 꾼다. 일한 만큼 정당한 대가와 인정을 주는 회사. 나는 아이니드를 그런 회사로 만들어야겠다는 꿈을 품었다. 진수도 진수 나름대로 아이니드를 하나의 브랜드로 만들겠다는 꿈을 품고 있다. 거기에도 돈을 많이 벌어서 내가 가지겠다는 욕심은 없다. 우리는 행복의 기준을 돈이 아닌 아이니드 안에 있는 직원

과 고객에게 두었다. 그랬더니 목표가 달라졌다. 그들이 행복할
수 있게끔 아이니드를 열심히 꾸려가는 것! 우리는 우리가 생활할
수 있을 만큼, 또 직원들을 행복하게 먹일 수 있는 만큼의 돈만
있다면 그걸로 충분했다. 돈을 내려놓으니 가질 수 있는 게 더 많
았다. 많은 사람들도 우리의 삶을 응원해 주었다.

우리는 학벌도 변변하지 못했고, 가진 돈도 없었다. 엄청난 재
능을 가진 것도 아니었다(그런 재능을 가졌다면 진수나 나나 함께
사업을 하지 않았겠지). 가진 것은 딱 하나였다. 자기 시선. 우리
에게는 남의 시선에 휘둘리지 않는 뚝심이 있었다.

이 책을 읽는 당신에게도 이러한 시선이 있었으면 좋겠다. 그
누구도 뺏을 수 없는 자기 시선. 그 시선이 주는 삶의 기쁨은 당
신이 올라가있는 산에서 내려올 때 얻을 수 있다.

나는 진수와 모험을 즐기고 있다. 진수와 함께 아이니드라는
롤러코스터를 만들어 맨 앞좌석에 앉아 있다. 롤러코스터는 모노
레일과는 달라 언제 어디서 떨어질지, 어디서 거꾸로 돌지 모른
다. 모험이란 그런 것이다. 무서워도 눈 딱 감고, 한 번 타 보라.
모노레일을 탈 때에는 느낄 수 없었던 짜릿함과 즐거움을 동시에
느끼게 될 것이다. 편하게 사는 삶, 물론 좋다. 그러나 우리의 청
춘은 모노레일에 오르기에는 너무 아깝다.

거기에 있는 당신, 당신은 지금 어디에 타고 있습니까?

—

사랑하는 나의 어머니, 나의 아내, 나의 하나님께

내가 본 아이니드

지난 이명박 정부부터 현 박근혜 정부에 이르기까지 창업 육성은 제2의 경제 도약을 위한 중요한 국정 키워드 중 하나다. 우리나라 산업 밑바닥에서부터 건강한 생태계를 이뤄야만 중소-중견-대기업으로 이어지는 성장축이 마련되고 새로운 일자리도 창출할 수 있다는 판단에서다. 창업 붐 확산에 있어 미래 사업가를 꿈꾸는 청년들의 도전 정신을 자극할 만한 롤모델이 많아져야 하는 것은 필수다. 정부의 창업 육성 정책도 이 부분에 초점이 강하게 맞춰져 있다.

2012년부터 2년 남짓 중소, 벤처기업 분야 취재기자로 몸담으면서 창업 붐의 촉진제 역할을 할 여러 스타트업 CEO들을 만났다. 이들 가운데는 정말 번뜩이는 아이디어와 뛰어난 사업가 기질을 갖춘 사람도 많았다.

하지만 최근 성공한 청년 창업가들은 아무래도 대다수가 국내 명문대나 해외 유학파 출신이었다. 부유한 가정환경 등 좋은 배경을 발판 삼아 처음부터 유리한 상황에서 사업을 시작한 창업가도 있었다. 냉정히 말해 이들은 도전 정신과 열정으로만 무장된 평범한 청년과는 출발선부터가 달랐다는 얘기다.

물론 높은 수준의 고등 교육, 훌륭한 가정환경을 등에 업었다고 해서 창업 성공의 가치를 깎아 내릴 필요는 전혀 없다. 우리나라는 물론 해외에서도 벤처 성공 신화를 쓴 사업가 중 많은 수가 이런 엘리트 출신이다. 실패에 대한 안전판이 있으면서 가장 똑똑한 사람들이 의사, 공무원 시험에 매달리기보다 창업으로 새로운 가치를 창출하는 게 국가 경제에도 훨씬 도움이 된다.

다만 앞서 말한 롤모델 측면에서 본다면 이들과는 다른 배경을 가진 창업가의 성공 사례를 발굴하는 것도 매우 중요하다. 제대로 된 창업 붐 확산을 위해서는 창업 성공이 명망가 자제나 엘리트 출신의 전유물이 아니라는 것을 평범한 젊은이들에게도 보여줘야 한다. 당장 가진 건 없어도 의지만큼은 누구에게도 뒤지지 않는 청년들이 자신 있게 창업에 도전할 수 있도록 용기를 북돋아줘야 된다.

2013년 7월에 만난 아이니드와 장진수 대표는 이런 관점에 가장 부합하는 사례였다. 장 대표가 학벌, 배경 등 어떠한 외부적 도움 없이 아이니드를 탄생시킨 과정은 일반적인 창업의 길과는 완전히 달랐다. 그것도 가구라는 제조업 분야에서 말이다.

특히 고등학교를 졸업한 뒤 성공한 사람을 가까이서 지켜보며 배우고 싶다는 생각에 모 기업 CEO 운전기사부터 커리어를 시작한 점은 요즘 젊은 창업가에게서는 찾아보기 힘든 스토리다. 대부분 20대에 대학에 들어가 경영학을 공부하고 공모전 입상, 기업 인턴 활동 등을 통해 창업을 준비할 때 장 대표는 서울 인사동과 파주 헤이리 등에서 의류, 액세서리를 판매하며 실전 경험을 쌓았다. 엘리트 창업가가 걸어온 코스만이 창업의 정석이 아니라는 걸 몸소 보여준 셈이다.

만약 장 대표가 기업 지향적인 마인드 없이 자기 점포 사업에만 머무르려 했다면 그에게 창업가라는 이름을 붙이지는 않았을 것이다. 장 대표와 비슷하게 출발해 현재 요식업, 단순 판매업 등 '장사'를 하는 젊은이는 주변에 매우 많다. 장 대표를 창업가로 주목한 건 그가 가구제조업이라는 새로운 영역에 도전하고 이를 더 큰 기업으로 키우려는 꿈을 꾸고 있었기 때문이다.

아이니드는 이제 시작이다. 아직 갈 길은 멀지만 앞으로 장 대표가 우리 시대에 흔치 않은 비(非)엘리트 출신의 성공 창업가로 청년들의 롤모델이 되길 기대해 본다.

윤경환

서울경제신문 기자

어금니 꼭 깨물고

"쥐뿔도 없이 시작할 땐, 그냥 꼭"

초판 1쇄 인쇄 2015년 7월 6일
초판 1쇄 발행 2015년 7월 13일

지은이 장민수, 장진수
펴낸곳 (주)도서출판 이와우
주소 경기도 고양시 일산동구 마두동 750 5층
전화 031-901-9616
이메일 editorwoo@hotmail.com

표지 디자인 김양훈, **내지 디자인** 권선복, **교정교열** 이주미
표지 증강현실 서커스컴퍼니
인쇄·제본 (주)현문

출판등록 2013년 7월 8일 제2013-000115호

ISBN 978-89-98933-07-4 (03320)